2021年中国可持续交通发展报告

王先进　尚赞娣　周健　编著

人民交通出版社股份有限公司

北京

内 容 提 要

本书全面贯彻落实习近平主席在第二届联合国全球可持续交通大会开幕式上的主旨讲话精神,紧紧围绕《交通强国建设纲要》《国家综合立体交通网规划纲要》各项决策部署,按照全国交通运输工作会议具体要求,主要从基础设施、交通装备、运输服务、开放合作、安全应急、疫情防控、绿色发展、科技创新、行业治理等九个方面,开展了全面的分析和研究,系统总结了2021年我国交通运输各领域取得的积极成效。

本书可为各级交通运输管理部门、宏观决策部门、科研机构、社会各界了解和掌握交通运输发展情况提供参考。

图书在版编目(CIP)数据

2021年中国可持续交通发展报告/王先进,尚赞娣,周健编著.—北京:人民交通出版社股份有限公司,2022.12
ISBN 978-7-114-18329-4

Ⅰ.①2… Ⅱ.①王… ②尚… ③周… Ⅲ.①交通运输业—可持续性发展—研究报告—中国—2021 Ⅳ.①F512.3

中国版本图书馆CIP数据核字(2022)第204838号

2021 Nian Zhongguo Kechixu Jiaotong Fazhan Baogao

书　　名	2021年中国可持续交通发展报告
著 作 者	王先进　尚赞娣　周　健
责任编辑	吴有铭　周　宇　潘艳霞
责任校对	孙国靖　扈　婕
责任印制	刘高彤
出版发行	人民交通出版社股份有限公司
地　　址	(100011)北京市朝阳区安定门外外馆斜街3号
网　　址	http://www.ccpcl.com.cn
销售电话	(010)59757973
总 经 销	人民交通出版社股份有限公司发行部
经　　销	各地新华书店
印　　刷	北京市密东印刷有限公司
开　　本	889×1194　1/16
印　　张	6
字　　数	72千
版　　次	2022年12月　第1版
印　　次	2022年12月　第1次印刷
书　　号	ISBN 978-7-114-18329-4
定　　价	60.00元

(有印刷、装订质量问题的图书由本公司负责调换)

编写组
DRAFTING COMMITTEE

组　　长：王先进

副组长：尚赞娣　周　健

成　　员：路敖青　王望雄　武　丽　姜彩良　李忠奎　田春林
　　　　　　萧　赓　陈徐梅　陈宗伟　孔亚平　耿　红　梁鸿旭
　　　　　　程　长　桑美英　郭　杰　王显光　陈　轩　冯淑贞
　　　　　　张晓笛　李亚敏　姚嘉林　宋晓丽　张若旗　李鹏起
　　　　　　赵茜楠　姚金莹　陈嘉玉　周梦婕　王　园　张雨希
　　　　　　范文涛　武瑞利　于丹阳　张晓征　张怡君　段晓辉
　　　　　　王锋锋　秦芬芬　黄一帆　张皖杉　夏　炎　高爱颖
　　　　　　罗　凯　武　平　张甜甜　董　娜　刘晓菲　刘学欣
　　　　　　江睿南　王儒骏　周艾燕　马睿君　曹子龙　王婉佼
　　　　　　苏田田　王雪成　李　琼　郑维清　李葆青　庞清阁
　　　　　　周一鸣　刘　新　赵　昕　李　磊　闫　超　聂婷婷
　　　　　　贺明光　张森垚　黄莉莉　陈建华　曹剑东　胡希元
　　　　　　叶劲松　周　雷　刘宏甲　陈　岩　夏　晶

前言
PREFACE

2021年是中国共产党成立100周年，是党和国家历史上具有里程碑意义的一年，也必将是载入史册的一年。以习近平同志为核心的党中央带领我们实现了第一个百年奋斗目标，开启了实现第二个百年奋斗目标新征程。2021年2月，党中央、国务院印发了《国家综合立体交通网规划纲要》，这是我国历史上第一个由党中央、国务院发布的中长期综合交通运输规划纲要，是指导交通强国建设的又一纲领性文件，与《交通强国建设纲要》一道，共同为加快建设交通强国描绘了宏伟蓝图。2021年10月14日至16日，第二届联合国全球可持续交通大会在北京成功举办，习近平主席出席大会开幕式并发表题为《与世界相交　与时代相通　在可持续发展道路上阔步前行》的主旨讲话，站在世界发展大势和人类前途命运的高度，深刻阐释了可持续交通发展的重要意义，为全球可持续交通发展提供了中国方案、分享了中国经验、贡献了中国智慧，充分彰显了我国在推动全球可持续发展进程中的积极作为和历史担当，充分肯定了我国交通运输发展取得的历史性成就、发生的历史性变革，赋予了交通成为中国现代化开路先锋的新使命新定位，为加快建设交通强国作出重大战略指引、指明前进方向，充分体现了以习近平同志为核心的党中央对交通运输工作的高度重视、亲切关怀、殷切期望。

一年来，全国交通运输系统在以习近平同志为核心的党中央坚强领导下，以习近平新时代中国特色社会主义思想为指导，全面贯彻党的十九大和十九届历次全会精神，按照中央经济工作会议和《政府工作报告》部署，坚持稳中求进工作总基调，完整、准确、全面贯彻新发展理念，服务加快构建新发展格局，高效统筹疫情防控和经济社会发展交通运输各项工作，着力推动行业高质量发展，加快建设交通强国，努力当好中国现代化的开路先锋，实现了"十四五"良好开局，为服务经济稳增长提供了重要的交通运输支撑。《2021年中国可持续交通发展报告》紧紧围绕《交通强国建设纲要》《国家综合立体交通网规划纲要》各项决策部署，按照全国交通运输工作会议具体要求，聚焦基础设施、交通装备、运输服务、开放合作、安全应急、疫情防控、绿色发展、科技创新、行业治理等九个方面，开展了全面的分析和研究，系统总结了各个领域取得的积极成效，以期为各级交通运输管理部门、宏观决策部门、社会各界了解和掌握交通运输发展情况提供参考。

感谢交通运输部政策研究室刘鹏飞、舒驰、王振宇、韩东方、张杰等同志在本书编写过程中给予的大力支持和指导！

作者

2022 年 12 月

目 录
CONTENTS

一、基础设施 ··· 1

  （一）交通固定资产投资规模持续高位运行 ············· 1

  （二）综合立体交通网络加快完善 ······················ 3

二、交通装备 ··· 13

  （一）交通装备供给能力持续增强 ······················ 13

  （二）交通装备结构不断提档升级 ······················ 17

三、运输服务 ··· 23

  （一）运输服务能力不断增强 ··························· 23

  （二）旅客出行服务更加多元，服务品质进一步提升 ······ 32

  （三）货运组织更加灵活，服务模式不断创新 ············ 36

四、开放合作 ··· 41

  （一）成功举办第二届联合国全球可持续交通大会 ········ 41

  （二）交通运输国际交流与合作不断深化 ················ 42

  （三）"一带一路"交通互联互通高质量发展 ············ 44

（四）国际物流供应链更加稳定畅通 ·· 46

（五）交通运输全球治理参与度稳步提升 ·· 49

五、安全应急 ··· 51

（一）安全生产形势总体平稳 ·· 51

（二）安全防控能力持续提升 ·· 52

（三）应急保障能力不断提高 ·· 53

六、疫情防控 ··· 57

（一）疫情防控应急指挥体系不断完善 ·· 57

（二）外防输入，筑牢国门防线 ·· 58

（三）内防反弹，巩固"战疫"成果 ·· 59

七、绿色发展 ··· 61

（一）交通运输绿色低碳转型工作稳步推进 ·· 61

（二）绿色低碳交通发展取得新成效 ·· 63

八、科技创新 ··· 65

（一）科技创新水平不断提高 ·· 65

（二）智慧交通加快发展 ·· 67

（三）人才队伍建设持续加强 ·· 71

九、行业治理 ··· 73

 （一）法治部门建设持续推进 ····························· 73

 （二）重点领域改革不断深化 ····························· 74

 （三）交通运输营商环境不断优化 ························· 77

 （四）高质量发展标准体系加快构建 ······················· 78

 （五）行业发展软实力不断提升 ··························· 82

一、基础设施

2021年，交通运输行业坚持以人民为中心的发展思想，坚持系统谋划、整体协同，坚持交通先行、适度超前开展交通基础设施建设，把联网、补网、强链作为建设重点，努力抓在建、促新开、强储备，精准补短板、强弱项，加快建设国家综合立体交通网主骨架，着力提升网络效益，推动交通固定资产投资保持较快增长，为稳住宏观经济大盘、保持经济运行在合理区间提供了重要保障。

（一）交通固定资产投资规模持续高位运行

2021年，交通运输行业把促投资稳增长摆在更加突出位置，适度超前开展交通基础设施投资，大力推进重点项目建设，进一步完善中央专项资金保障政策，着力发挥中央资金引领带动作用，积极扩大交通有效投资,全年完成交通固定资产投资36220亿元,比上年增长4.1%。其中,公路、水路、民航分别完成投资25995亿元、1513亿元和1222亿元,比上年分别增长6.0%、11.4%和13.0%；铁路完成投资7489亿元,比上年下降4.2%,但规模仍处高位。公路建设投资中,高速公路、普通国省道投资比上年分别增长12.4%和5.9%,农村公路投资比上年下降12.9%,主要受"十三五"农村公路脱贫攻坚建设阶段性目标任务已经完成、新开工项目数量相对较少等因素影响。水路建设投资中,以市场化融资为主的港口投资比上年增长23.5%,以公益性为主的航道投资比上年下降5.8%,主要受港建费取消后水运建设发展长期资金保障渠道尚未建立等因素影响。

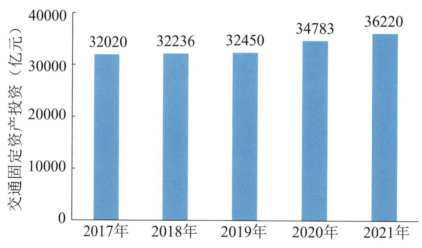

图1-1 2017—2021年交通固定资产投资变化情况

（二）
综合立体交通网络加快完善

1. 交通基础设施网络进一步加密

截至 2021 年末，综合交通网总里程 622 万公里，比上年末增加 13 万公里，交通网面积密度、人口密度分别为 65 公里/百平方公里和 44 公里/万人，6 轴 7 廊 8 通道的国家综合立体交通网主骨架初步形成。

图 1-2　2017—2021 年末综合交通网总里程变化情况

（1）铁路。截至 2021 年末，全国铁路营业里程达到 15.1 万公里，比上年末增加 0.4 万公里[1]，其中国家铁路营业里程 13.1 万公里，铁路路网密度 156.7 公里/万平方公里，比上年末增加 4.4 公里/万平方公里。铁路复线率、电化率分别为 59.5% 和 73.3%。

图 1-3　2017—2021 年末铁路营业里程变化情况

（2）**公路**。截至 2021 年末，全国公路总里程 528.07 万公里，比上年末增加 8.26 万公里，公路密度 55.01 公里/百平方公里、比上年末增加 0.86 公里/百平方公里。分行政等级看，国道里程 37.54 万公里，省道里程 38.75 万公里；农村公路里程 446.60 万公里，其中县道里程 67.95 万公里、乡道里程 122.30 万公里、村道里程 256.35 万公里。全国公路桥梁 96.11 万座、7380.21 万延米，比上年末分别增加 4.84 万座、751.66 万延米，公路隧道 23268 处、2469.89 万延米，比上年末分别增加 1952 处、269.96 万延米。

---

[1] 四舍五入数据。

图 1-4　2017—2021 年末公路总里程及公路密度变化情况

（3）**水路**。截至 2021 年末，全国内河航道通航里程 12.76 万公里，与上年末基本持平。分水系看，长江水系 64668 公里，珠江水系 16789 公里，黄河水系 3533 公里，黑龙江水系 8211 公里，京杭运河 1423 公里，闽江水系 1973 公里，淮河水系 17500 公里。全国港口生产用码头泊位 20867 个，比上年末减少 1275 个，其中沿海港口生产用码头泊位 5419 个、比上年末减少 42 个，内河港口生产用码头泊位 15448 个、比上年末减少 1233 个。

图 1-5　2017—2021 年末内河航道通航里程变化情况

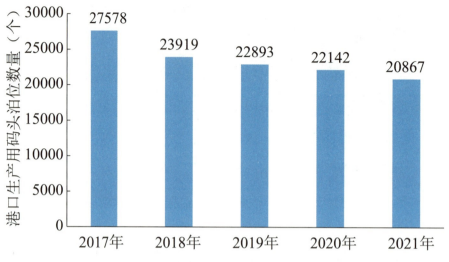

图1-6 2017—2021年末港口生产用码头泊位数量变化情况

（4）**民航**。截至2021年末，全国拥有颁证民用航空运输机场248个，比上年末增加7个；全国在册管理通用机场370个，比上年末增加31个。其中，定期航班通航运输机场248个，新增四川成都天府、湖北荆州沙市、江西九江庐山、山东菏泽牡丹、安徽芜湖宣州、湖南郴州北湖、广东韶关丹霞等机场通航，定期航班通航城市（或地区）达到244个，全行业运输机场共有跑道275条、停机位7133个，比上年末分别增加10条和512个，航站楼面积1787.9万平方米。

（5）**邮政**。截至2021年末，邮政行业拥有各类营业网点41.3万处，比上年末增加6.4万处，拥有邮政信筒信箱9.5万个、比上年末减少0.4万个，拥有邮政报刊亭0.9万处、比上年末减少0.2万处，邮政邮路总条数4.6万条、邮路总长度（单程）1192.7万公里，比上年末分别增加9032条和5.3万公里。

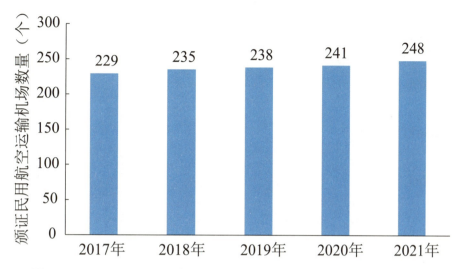

图 1-7　2017—2021 年末颁证民用航空运输机场数量变化情况

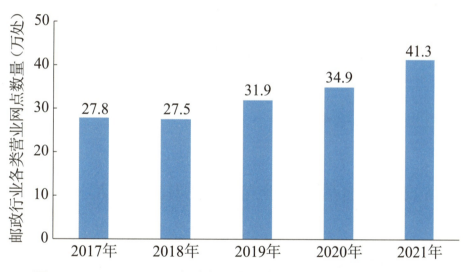

图 1-8　2017—2021 年末邮政行业各类营业网点数量变化情况

（6）**城市交通**。截至 2021 年末，全国城市公共汽电车运营线路 75770 条、比上年末增加 5127 条，运营线路总长度 159.4 万公里、比上年末增加 11.2 万公里。全国城市轨道交通运营线路 275 条、比上年末增加 49 条，运营里程 8736 公里、比上年增加 1380.9 公里，其中地铁线路 223 条、运营里程 7664 公里，轻轨线路 7 条、运营里程 263 公里。城市客运轮渡运营航线 84 条、比上年末增加 1 条，运营航线总长度 376.3 公里、比上年末增加 52.9 公里。

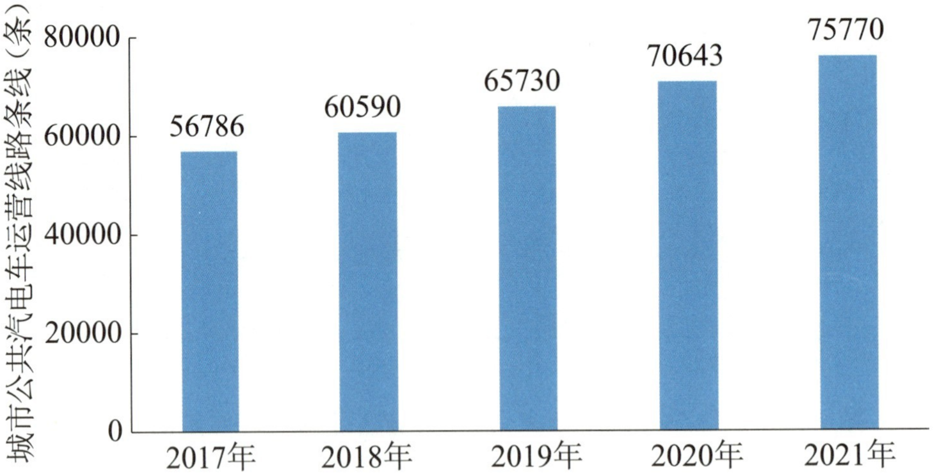

图 1-9　2017—2021 年末城市公共汽电车运营线路条数变化情况

（7）管道。国家石油天然气管网集团有限公司发布数据显示，截至 2021 年末，全国油气管道总里程达到 15 万公里，其中 2021 年新建成油气管道里程约 5414 公里。

2. 高效率交通基础设施覆盖范围持续扩大

（1）"八纵八横"高速铁路网加快建设。截至 2021 年末，全国高铁营业里程达 4.0 万公里，比上年末增加 2168 公里、增长 5.7%，规模稳居世界首位。西藏第一条电气化铁路——拉林铁路建成投运，历史性地实现了复兴号对全国 31 个省（区、市）全覆盖，川藏铁路全线实现开工建设，北京至哈尔滨、连云港至乌鲁木齐高铁全线贯通，张吉怀高铁、安九高铁、赣深高铁、沈佳高铁敦白段等重大项目建成投产。

图 1-10　2017—2021 年末高铁营业里程变化情况

（2）**高等级公路网占比持续提高。**截至 2021 年末，全国三级及以上等级公路里程 119 万公里，比上年末增加 3.1 万公里，占公路总里程的 22.5%、比上年末提高 0.2 个百分点。高速公路里程 16.9 万公里、比上年末增加 0.8 万公里，里程规模居世界首位，其中国家高速公路里程 11.7 万公里、比上年末增加 0.4 万公里，深中通道等重大项目建设顺利推进，京新高速公路等国家高速公路大动脉主线贯通，高速公路网络更加完善畅通。

图 1-11　2017—2021 年末高速公路里程变化情况

（3）水运基础设施结构进一步优化。截至 2021 年末，全国内河等级航道通航里程 6.72 万公里，占通航总里程的 52.7%，其中三级及以上航道通航里程 1.45 万公里，占通航总里程的 11.4%、比上年末提高 0.1 个百分点。西部陆海新通道（平陆）运河工程、湘桂赣粤运河工程等重大项目前期工作有序推进，引江济淮航运工程实施进展顺利，湛江港 30 万吨级航道改扩建工程、钦州港东航道扩建工程交工投入试运行。截至 2021 年末，全国港口万吨级及以上泊位 2659 个，比上年末增加 67 个，其中煤炭、原油、金属矿石、集装箱等专业化万吨级及以上泊位 1427 个、比上年末增加 56 个，青岛董家口原油码头二期、福建漳州液化天然气配套码头、广州南沙粮食码头等项目稳步推进，港口岸线资源整合持续推进，码头大型化、专业化趋势明显。

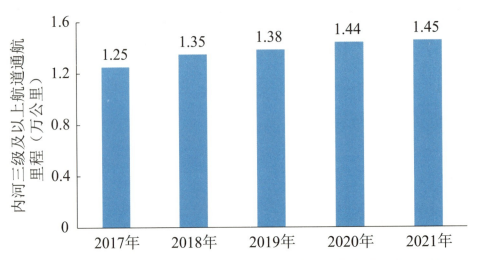

图 1-12　2017—2021 年末内河三级及以上航道通航里程变化情况

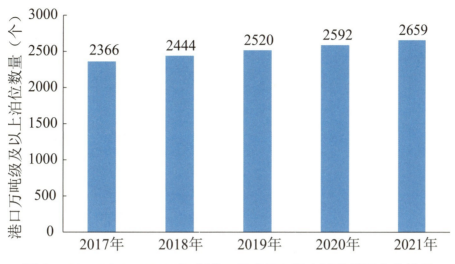

图 1-13　2017—2021 年末港口万吨级及以上泊位数量变化情况

（4）**民航机场建设取得新进展**。2021 年旅客吞吐量 1000 万人次以上的运输机场达 29 个、比上年增加 2 个，年货邮吞吐量 10000 吨以上的运输机场达 61 个、比上年增加 2 个。新建迁建运输机场 9 个，成都天府、青岛胶东国际机场正式投运。厦门、呼和浩特新建机场项目，广州、重庆、西安、兰州、福州、乌鲁木齐等枢纽机场扩建项目顺利推进，鄂州航空货运枢纽建成校飞。

（5）**快递服务能力进一步提升**。截至 2021 年末，拥有快递服务营业网点 22.7 万处、比上年末增加 0.3 万处，快递服务网路条数 20.0 万条、比上年末减少 0.7 万条，但快递服务网路长度（单程）4305.6 万公里、比上年末增加 214.2 万公里，高铁运输快递线路超过 1500 条，有效保障了公众日益增长的快递运输需求。

图 1-14　2017—2021 年末快递服务营业网点数量变化情况

（6）**城市便捷舒适高效运输供给能力持续增强**。截至 2021 年末，全国城市轨道交通运营线路条数比上年末增加 49 条，运营里程比上年末增加 1381 公里。公交专用车道 18264 公里、比上年末增加 1712 公里，便捷的城市交通设施网络为城市居民快捷出行提供了重要保障。

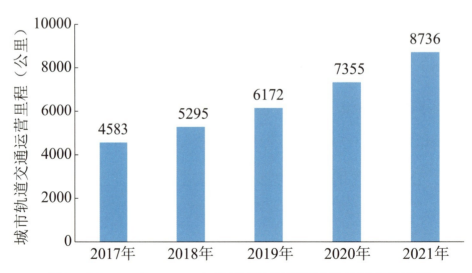

图 1-15　2017—2021 年末城市轨道交通运营里程变化情况

二、交通装备

2021年,我国交通装备供给能力持续增强,动车组规模不断扩大,汽车产量连续13年居世界首位,造船完工量占世界总量近五成。交通装备结构不断提档升级,新能源、智能化、数字化、轻量化、大型化、专业化等交通装备加快发展,自主化水平进一步提高,为经济社会发展提供高质量运输服务奠定了坚实基础。

(一) 交通装备供给能力持续增强

(1)**铁路**。截至2021年末,全国拥有铁路机车2.2万台,其中内燃机车0.8万台、电力机车1.4万台。拥有铁路客车7.8万辆,比上年末增加0.2万辆,其中动车组4153标准组、33221辆。拥有铁路货车96.6万辆,比上年末增加5.4万辆。据国家统计局发布数据显示,

2021年，全国铁路机车产量1105台，比上年末增长8.8%，全国动车组产量1021辆，继续保持在较高水平。

（2）**公路**。截至2021年末，全国拥有公路营运汽车1232万辆，比上年末增长5.2%。分结构看，拥有载客汽车58.7万辆、1751万客位，分别下降4.2%和4.9%，主要受道路客运需求持续减少等因素影响；拥有载货汽车1173万辆、17100万吨位，分别增长5.7%和8.3%，其中普通货车406.9万辆、4923万吨位，分别下降1.7%和增长5.6%，快递高运能大型干线车辆达2.85万辆。

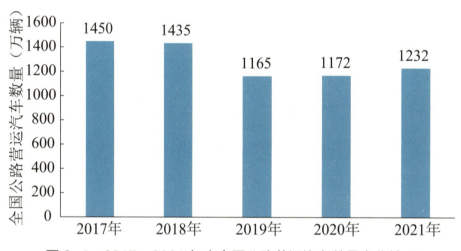

图2-1　2017—2021年末全国公路营运汽车数量变化情况

中国汽车工业协会发布数据显示，2021年全国汽车产量2608.2万辆，比上年末增长3.4%，结束了自2018年以来连续三年下降趋势。分结构看，乘用车产量2140.8万辆，增长7.1%；商用车产量467.4万辆，下降10.7%，其中客车产量50.8万辆、增长12.2%，货车产量416.6万辆、下降12.8%。

图 2-2 2017—2021 年末全国汽车产量变化情况

（3）**水路**。截至 2021 年末，全国拥有水上运输船舶 12.59 万艘，比上年末下降 0.7%，但净载重量达 28433 万吨、增长 5.1%，载客位 85.8 万客位、下降 0.3%，集装箱箱位 288.4 万标准箱、下降 1.6%。

图 2-3 2017—2021 年末全国水上运输船舶拥有量变化情况

中国船舶工业行业协会发布数据显示，2021 年全国造船完工量达 3970 万载重吨，比上年增长 3.0%，占世界总量的 47.2%、比上年提高 4.1 个百分点；承接新船订单 6707 万载重吨，比上年增长 131.8%，占世界总量的 53.8%、较上年提高 5.0 个百分点。截至 2021 年末，手持船舶订单 9584 万载重吨，比上年末增长 34.8%，占世界总量的

47.6%、比上年末提高 2.9 个百分点。

图 2-4　2017—2021 年全国造船完工量变化情况

（4）**民航**。截至 2021 年末，民航全行业运输飞机在册架数 4054 架，比上年末增加 151 架。其中，客运飞机 3856 架，增加 139 架，占运输机队比重为 95.1%；货运飞机 198 架，增加 12 架，占运输机队比重为 4.9%。通用航空在册航空器总数 3018 架。

图 2-5　2017—2021 年末全国民航运输飞机在册架数变化情况

（5）**城市客运**。截至 2021 年末，全国拥有城市公共汽电车 70.9

万辆,比上年末增长0.7%。拥有城市轨道交通配属车辆5.73万辆,增长15.9%,其中地铁配属车辆5.31万辆、轻轨配属车辆980辆、单轨配属车辆1006辆、有轨电车配属车辆1653辆、磁悬浮列车配属车辆101辆、自动导向系统配属车辆44辆。拥有巡游出租汽车139.1万辆,下降0.2%。拥有城市客运轮渡船舶196艘,增长1.0%。

表2-1　2017—2021年全国城市客运装备拥有量变化情况

年份(年)	公共汽电车（万辆）	城市轨道交通配属车辆(万辆)	巡游出租汽车（万辆）	城市客运轮渡船舶(艘)
2021	70.94	5.73	139.13	196
2020	70.44	4.94	139.40	194
2019	69.33	4.10	139.16	224
2018	67.34	3.40	138.89	250
2017	65.12	2.87	139.58	264

（二）交通装备结构不断提档升级

（1）**新能源交通装备快速发展**。截至2021年末,全国**铁路**电力机车1.4万台,占铁路机车比重为64.0%,比上年末提高0.7个百分点。截至2021年末,**公路**新能源营运货车10791辆,比上年末增加2469辆、增长29.7%,新能源营运客车26014辆,增加803辆、增长3.2%。据中国汽车工业协会发布数据显示,2021年全国新能源汽车产量354.5万辆,连续6年居全球首位,比上年增长1.6倍,占全国汽车产量比重为13.6%、提高8.2个百分点。截至2021年末,新能源**公**

共汽电车、巡游出租汽车分别为 50.9 万辆和 20.8 万辆，比上年末分别增加 4.3 万辆和 7.5 万辆，占比分别为 71.7% 和 14.9%，分别提高 5.6 个和 5.4 个百分点。**机场**场内电动车辆占比超过 21%，车辆设备国产化率超过 90%。年旅客吞吐量 500 万人次以上机场飞机 APU 替代设备安装率、使用率均超过 95%。

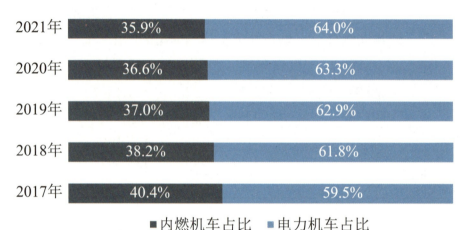

图 2-6　2017—2021 年末铁路机车构成变化情况

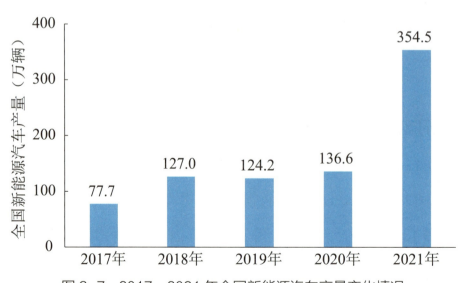

图 2-7　2017—2021 年全国新能源汽车产量变化情况

图 2-8 2017—2021 年末新能源城市交通装备占比变化情况

（2）**公路水路运输装备延续大型化趋势**。截至 2021 年末，全国载货汽车平均吨位 14.6 吨/辆，比上年末增加 0.4 吨/辆、增长 2.5%。全国水上运输船舶平均净载重量 2258.5 吨/艘，增加 124.5 吨/艘、增长 5.8%，其中沿海船舶平均净载重量 8158.7 吨/艘，增加 498.5 吨/艘、增长 6.5%，内河船舶平均净载重量 1292.0 吨/艘，增加 102.6 吨/艘、增长 8.6%。全国集装箱船平均箱位数 1293.7 标箱/艘，增加 44.3 标箱/艘、增长 3.5%。

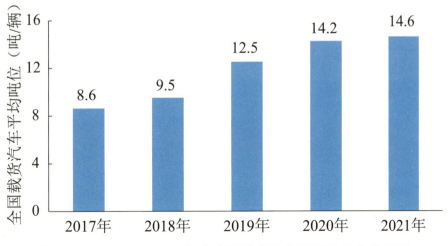

图 2-9 2017—2021 年末全国载货汽车平均吨位变化情况

图 2-10　2017—2021 年末全国运输船舶平均净载重量变化情况

（3）专业化交通装备较快发展。截至 2021 年末，全国拥有动车组 33221 辆，比上年末增加 1881 辆，占铁路客车比重为 42.6%、比上年末提高 1.4 个百分点。随着多式联运等先进运输组织模式加快推广，公路牵引车、挂车及专用货车数量保持较快增长势头。截至 2021 年末，全国拥有牵引车 346.68 万辆，比上年末增加 35.84 万辆、增长 11.5%，连续五年保持两位数增长；拥有挂车 359.25 万辆，比上年末增加 24.62 万辆、增长 7.4%。西部地区牵引车、挂车数量增长最快，分别增长 15.9% 和 13.0%，东部地区牵引车、挂车数量占比最高，占比分别为 50.5% 和 52.4%。全国拥有专用货车 60.4 万辆，比上年末增加 9.7 万辆、增长 19.2%。

图 2-11　2017—2021 年末全国动车组数量变化情况

图 2-12　2017—2021 年末全国公路牵引车、挂车数量变化情况

（4）**交通装备智能化水平不断提高。** 复兴号智能动车组开行范围进一步扩大，截至 2021 年末，全路配备复兴号系列动车组 1191 组，已覆盖全国半数以上省级行政区，辐射京津冀、长三角、粤港澳大湾区及成渝双城经济圈等地区，让更多老百姓享受高品质旅行生活。形成了涵盖不同速度等级、适应各种运营环境的复兴号系列产品，成功研制了复兴号高原内电双源动车组，并在西藏拉林铁路投入运营，复兴

号254项重要标准中84%是中国标准,整体设计和关键技术全部自主研发,具有完全自主知识产权。自主研发的全球首套时速600公里高速磁浮交通系统下线,我国轨道交通装备实现了从追赶到并跑乃至部分超越的转变。国产新能源汽车已基本掌握电机、电控、电池及整车制造等关键核心技术,产业水平跻身世界前列。饱和潜水载人陆基实验深度达502米。

三、运输服务

2021年,我国综合运输服务能力不断增强,旅客出行服务更加多元,居民出行更加便捷舒适,货运组织更加灵活,服务模式不断创新,物流运输更加高效畅通,为服务经济社会发展提供了有力的运输服务保障。

(一)运输服务能力不断增强

2021年,完成营业性货运量521.6亿吨,比上年增长12.3%、两年平均增长5.7%;完成货物周转量218181亿吨公里,比上年增长10.9%、两年平均增长4.8%,货物运输实物量指标与GDP(国内生产总值)、工业增加值等宏观经济价值量指标走势匹配较好。完成营业性客运量83.0亿人,比上年下降14.1%,恢复至2019年的47.2%;完成旅客周转量19758亿人公里,比上年增长2.6%,恢复至2019年的55.9%。

图 3-1　2017—2021 年营业性货运量增速与 GDP 增速变化情况

图 3-2　2017—2021 年营业性客运量及其增速变化情况

（1）**铁路货运量实现平稳增长,客运量恢复较快**。铁路部门持续推进"公转铁""散改集"以及电煤保供专项行动等工作,助力货运量实现平稳增长,2021年完成货运量47.7亿吨,比上年增长4.9%,两年平均增长4.0%,其中集装箱实现快速增长、增速达26.0%;完成货物周转量33238亿吨公里,增长8.9%。通过精准实施"一日一图",

进一步优化列车开行方案,客运量实现明显回升,完成客运量26.1亿人,比上年增长18.5%,恢复至2019年的71.4%,其中高铁客运量占比为66.4%、比上年提高2.5个百分点;完成旅客周转量9568亿人公里,增长15.7%,恢复至2019年的65.1%。

图3-3　2017—2021年铁路货运量及其增速变化情况

图3-4　2017—2021年铁路客运量及其增速变化情况

（2）公路货运量实现较快增长,客运量低位运行。2021年,完成公路营业性货运量391.4亿吨,比上年增长14.2%,两年平均增长

6.7%；完成货物周转量69088亿吨公里，比上年增长14.8%，两年平均增长7.6%，高速公路货车流量、普通公路货车交通量比上年分别增长6.0%和11.5%。受疫情多点散发、旅客出行习惯变化等因素影响，公路客运恢复相对缓慢，全年完成公路营业性客运量50.9亿人，比上年下降26.2%，仅为2019年的39.1%，恢复情况相对较好的5月份仍不到2019年同期的五成，其中高速公路20座及以上客车流量比上年下降9.1%；完成旅客周转量3628亿人公里，比上年下降21.8%，恢复至2019年的41.0%。

图3-5　2017—2021年公路货运量及其增速变化情况

图3-6　2017—2021年公路客运量及其增速变化情况

（3）**水路货运稳步增长，客运有序恢复。** 2021年，完成水路货运量82.4亿吨，比上年增长8.2%，两年平均增长2.3%，其中内贸货运船舶进出港艘次比上年增长7.0%；完成货物周转量115578亿吨公里，比上年增长9.2%，两年平均增长3.2%。全年完成水路客运量1.6亿人，比上年增长9.0%，恢复至2019年的59.7%；完成旅客周转量33.1亿人公里，比上年增长0.4%，恢复至2019年的42.1%。

图 3-7　2017—2021年水路货运量及其增速变化情况

图 3-8　2017—2021年水路客运量及其增速变化情况

港口生产实现平稳增长。 2021年，全国完成港口货物吞吐量155.5亿吨，比上年增长6.8%，两年平均增长5.6%，其中完成内、外贸货物吞吐量108.5亿吨和47.0亿吨,比上年分别增长7.9%和4.5%,两年平均分别增长6.1%和4.3%。完成港口集装箱吞吐量2.8亿标箱,比上年增长7.0%,两年平均增长4.1%,其中完成内、外贸集装箱吞吐量1.2亿标箱和1.6亿标箱,比上年分别增长6.2%和7.5%,两年平均分别增长5.0%和3.4%。

图3-9　2017—2021年全国港口货物吞吐量及其增速变化情况

注:自2019年起,港口统计范围调整为全国所有获得港口经营许可的业户,增速按可比口径计算。

图3-10　2017—2021年全国港口集装箱吞吐量及其增速变化情况

> **专栏 3-1**
>
> **我国五大港口群港口生产情况**
>
> 2021年,环渤海港口群、长三角港口群、东南沿海港口群、珠江三角洲港口群和西南沿海港口群分别完成货物吞吐量43.3亿吨、25.7亿吨、6.9亿吨、15.6亿吨和8.2亿吨,比上年分别增长2.8%、7.5%、11.4%、2.4%和12.2%,五大港口群合计完成货物吞吐量99.7亿吨,占全国港口货物吞吐量的64.2%。

（4）**民航货运量实现增长,客运量有所恢复。**2021年,完成民航货运量732万吨,比上年增长8.2%,两年平均下降1.4%,其中国内、国际航线分别完成465万吨和267万吨,比上年分别增长2.6%和19.6%;完成货物周转量278亿吨公里,比上年增长15.8%,两年平均增长2.8%。完成民航客运量4.4亿人,比上年增长5.5%,恢复至2019年的66.8%,其中国内、国际航线分别完成客运量4.4亿人和148万人,比上年分别增长7.6%和下降84.6%;完成旅客周转量6530亿人公里,比上年增长3.5%,恢复至2019年的55.8%。全年民航航班正班客座率平均为72.4%,与上年基本持平,低于2019年10.8个百分点。

图 3-11　2017—2021 年民航货运量及其增速变化情况

图 3-12　2017—2021 年民航客运量及其增速变化情况

（5）邮政行业保持快速增长，快递业务量首破千亿件。2021年，完成邮政行业业务总量13698亿元，比上年增长25.1%。随着我国电子商务规模不断扩大，快递继续保持跨越式发展，业务量首破千亿件、业务收入首超万亿元大关，全年完成快递业务量1083.0亿件，比上年增长29.9%，其中同城业务量、异地业务量、国际港澳台业务量分别完成141.1亿件、920.8亿件、21.0亿件，比上年分别增长16.0%、32.8%和14.6%；快递业务收入完成10332亿元，比上年增长17.5%。"双11"期间（2021年11月1日至11日），全国邮政、快递企业共处理快件47.76亿件,同比增长超过两成,其中11月11日当天处理快件6.96亿件,再创历史新高。

图3-13 2017—2021年快递业务量及其增速变化情况

（6）**城市客运量稳定恢复**。2021年,完成城市客运量993.8亿人,比上年增长14.0%,恢复至2019年的77.7%。其中,公共汽电车、城市轨道交通、巡游出租汽车、城市客运轮渡客运量分别为489.2亿人、237.3亿人、266.9亿人和0.5亿人,比上年分别增长10.6%、34.9%、5.4%和30.5%,分别恢复至2019年的70.7%、99.4%、76.7%和69.1%。

图3-14 2017—2021年城市客运量及其增速变化情况

（二）
旅客出行服务更加多元，服务品质进一步提升

随着居民生活水平逐步提高，加之疫情对公众出行习惯的影响，高品质、多样化、个性化出行需求不断增加。2021年，客运行业牢固树立以人民为中心的发展思想，以满足人民群众美好出行需求为目标，以出行服务体验升级为导向，努力为广大人民群众提供均等化、多样化、高品质的运输服务，一年来，旅客出行服务更加多元、服务品质进一步提升。

（1）**跨运输方式换乘更加便捷**。随着我国综合客运枢纽设施衔接不断完善，旅客联程运输日趋便捷。交通运输部科学研究院发布的《中国旅客联程运输发展报告（2021）》显示，截至2021年末，全国36个中心城市的39个民航机场和71个铁路车站中，连接民航机场和铁路车站的地铁线路达111条，配建公路客运站（包括39个机场的客运站）106个，建成铁路无轨站8座、城市候机楼129座，空铁联运覆盖范围已扩展至15家机场，80%的新建综合客运枢纽实现了200米内便捷换乘。全国27个综合客运枢纽实现了铁路与城市轨道交通安检流程优化，其中6个枢纽实现安检双向互认，旅客出行换乘便捷度进一步提升。

表 3-1　2021 年末全国 36 个中心城市场站设施衔接情况

衔接指标	换乘方式		
	换乘公路	换乘铁路	换乘地铁
衔接相应运输方式的民航机场数量（个）	39	10	24
在民航机场平均换乘距离（米）	170	470	—
在民航机场平均步行换乘时间（分钟）	3	7	10
衔接相应运输方式的铁路车站数量（个）	61	/	58
在铁路车站平均换乘距离（米）	560	/	—
在铁路车站平均步行换乘时间（分钟）	8	/	10

数据来源：交通运输部科学研究院发布的《中国旅客联程运输发展报告（2021）》。

（2）**铁路客运出行体验持续改善**。铁路部门深入实施客运提质计划，统筹疫情防控与客运服务，做好做优普惠服务和差异化服务，推出"云改签""候补购票""兑换车票"、静音车厢、便捷换乘等服务功能，在 20 条高铁线路推行计次票、定期票，在 3 条城际铁路创新实施公交化运营模式，为中老年旅客提供语言翻译机等个性化服务，优化完善线上线下适老化无障碍服务，开通"熊猫专列""通道转兵号""东方红号"等专列，推出红色旅游空铁联运产品，旅客服务体验全面提升，助力铁路客运量实现较快恢复，2021 年铁路客运量占营业性客运量比重为 31.5%，比上年提高 8.7 个百分点，其中复兴号运送旅客达 13.7 亿人，"坐着高铁看中国"成为公众享受美好旅行生活的真实写照。

（3）**公路客运服务举措不断创新**。截至 2021 年末，全国道路客运电子客票服务已覆盖超过 1600 个二级以上汽车客运站。城乡客运服务模式不断创新，北京、天津、上海、江苏、浙江、山东等省市大部分地区实现了全域公交，长三角地区开通 60 余条省际毗邻地区公交化运营客运班线,更好地满足了城乡群众便捷出行需求。定制化道路客运服务明显增多,全国已有超过 20 个省份开通定制客运线路 3000 余条,海南、宁夏、贵州等省份针对偏远建制村开通预约叫车服务,方便群众临时、紧急用车,山西推出定制客运服务"京大快线",提供点到点、门到门接送服务,廊坊市开通 5 条至北京的"定制快巴"通勤服务专线,为京廊通勤族提供出行便利。公路"厕所革命"持续深化,完成 3181 个高速公路服务区、244 个普通国省干线公路服务区厕所建设改造,基本解决公路服务"如厕难""卫生差"等问题。

(4)水路客运服务水平稳步提升。重点水域客运实现联网售票,国内水路旅游客运精品航线试点工作启动,第一艘国内沿海五星旗豪华游轮——招商局维京游轮有限公司"招商伊敦"轮投入运营,提升琼州海峡客滚运输服务能力三年行动计划(2019—2021 年)任务基本完成,农村地区重点时段群众水路出行运输服务能力进一步提升,船舶和基础设施状况大幅改善,人民群众多元化、高品质水路客运服务需求得到更好满足。

(5)民航旅客服务质量进一步提升。40 家千万级大型机场开通旅客"易安检"服务,7.7 万名旅客完成注册。在 9 家航空公司、53 家机场、99 条航线开展"通程航班平台"试点,29 家航空公司推出定制餐食服务。春秋航空、南方航空创新推出"随心飞""快乐飞 3.0 版"等产品。武汉、北京、三亚等机场分别推出"免排队移动托运行李项目"试点、定制巴士、老年旅客无健康码通道等服务。民航服务质量监督平台上线运行,国内航空公司投诉响应率达 100%。2021 年,全国客运航空公司共执行航班 378.6 万班次,其中正常航班 333.1 万班次,平均航班正常率为 88.0%,处于较高水平,民航客运量占营业性客运量比重为 5.3%，比上年提高 1.0 个百分点。

（6）城市公共交通服务水平显著提升。 持续深化国家公交都市建设，命名太原等 7 个城市为"国家公交都市建设示范城市"，示范城市数量累计达 33 个。截至 2021 年末，全国共有 51 个城市开通运营城市轨道交通，其中洛阳、绍兴、嘉兴、文山、芜湖等为新开通运营城市，城市轨道交通的联通性和便利性进一步增强，全年运营平均正点率为 99.94%，北京、上海、广州、深圳、成都等 12 个城市轨道交通客运量占公共交通客运量的比重超过五成，城市居民便捷通勤条件不断改善。

（7）网约车等出行新业态发展逐步规范。 2021 年 9 月起，交通运输部每月公布 36 个中心城市网约车合规率情况，网约车合规化进程加快。截至 2021 年末，全国共 258 家网约车平台公司取得网约车平台经营许可，发放网约车驾驶员证 394.8 万本、车辆运输证 155.8 万本，日均完成订单量 2200 余万单。互联网租赁自行车转向精细化运营，北京、深圳、哈尔滨等城市强化"总量控制"的监管思路，引导互联网租赁自行车企业提高服务质量和运维效率，着力解决过量投放、无序扩张等问题，全国近 460 个城镇投放了超过 1500 万辆互联网租赁自行车，注册用户数 6 亿左右（含重复注册用户）。持续推进交旅融合发展，全国共有旅游包车客运车辆 15.7 万辆，其中中高级车辆比例达到 70% 左右，4A 级以上旅游景区客运线路基本实现全覆盖。

（8）无障碍交通出行服务水平不断提高。 高度重视保障老年人、残疾人出行权利，持续提升交通运输无障碍设施建设和改造力度，完善相关政策制度和标准规范体系，交通运输部联合有关部门印发了《关于切实解决老年人运用智能技术困难便利老年人日常交通出行的通知》,进一步细化交通运输领域便利老年人出行服务的政策措施,指导102个地级及以上城市开通95128约车服务电话,推动各地交通运输部门在社区、医院等老年人打车需求较高的场景设置暖心车站、扬召杆等设备,全力打造"覆盖全面、无缝衔接、安全舒适"的无障碍出行环境,努力为老年人、残疾人等群体提供便捷化、人性化、舒适化出行服务。所有省会城市、计划单列市和大部分地级市、县级市面向65周岁以上老年人实行减免公共交通票价的优惠政策,其中北京、呼和浩特、郑州、深圳、济南、青岛、昆明和拉萨等城市60周岁及以上老年人免费乘坐市内公共汽电车。

(三)
货运组织更加灵活,服务模式不断创新

货运是市场经济的经脉,是要素流通的基础支撑,对畅通国民经济循环具有重要意义。2021年,交通运输行业努力发挥各种运输方式比较优势,不断创新货运服务模式,努力打造集约化、智能化、绿色化的货运服务,更好发挥货运在生产、分配、流通、消费各个环节中的保障作用。

(1)不同运输方式融合发展取得新成效。 多式联运发展加快推进,铁路部门加大35吨敞顶集装箱推广力度,推动大宗散货入箱,努力提升多式联运组织作业效率。积极引导货运物流企业强化技术研发投入,加快多式联运技术装备升级改造,重庆、成都、青岛、郑州等

地积极探索多式联运"一单制"。多式联运示范工程范围不断扩大，截至2021年末，覆盖全国28个省份和11条国家物流大通道一半以上的枢纽节点，开通线路超过300条，全年多式联运示范工程完成集装箱多式联运量约620万标箱，全国港口完成集装箱铁水联运量754万标箱，比上年增长9.8%，唐山港、黄骅港、上海港增速位居前列，示范引领作用突出。货运枢纽布局逐步优化，铁路物流基地、港口物流枢纽、航空转运中心、快递物流园区等规划建设和设施改造加快推进。

（2）铁路货运服务能力稳步提升。西部陆海新通道不断完善，辐射106个国家和地区，影响力不断扩大。铁路加大煤炭保供运输力度，全国铁路煤炭日均装车量实现较快增长。积极发展"高铁+医药健康""高铁+现代农业"，搭建高铁快运服务平台，"双11"期间快件运输得到有效保障。铁路货运电子商务系统完成升级改造，实现电子注册、电子运单、电子支付、电子发票等功能网上"一站式"办理。

（3）公路货运服务转型步伐加快。经国务院同意，联合中央网信办等部门成立推动道路货运行业高质量发展部际联席会议制度，印发《关于加强货车司机权益保障工作的意见》，在全国选树100名"最美货车司机"。推动网络货运新业态健康规范发展，多次约谈主要交易撮合类货运平台公司，努力维护公平竞争市场秩序。截至2021年末，全国网络货运企业（含分公司）达1968家，共整合社会运力408万辆、驾驶员407万人，其中运单量排名前十的网络货运企业整合运力占网络货运行业总量的64.8%，52.4%的驾驶员通过平台承揽业务，运输网络地市级实现全覆盖、区县级覆盖率达99.8%，全年完成运单总量6179.9万单、规模为上年的2.2倍，完成货运量13.1亿吨、为上年的1.5倍，实现运费交易额1632.1亿元、为上年的1.9倍。交通运输部会同相关部门开展城市绿色货运配送示范工程创建工作,累计确定示范工程创建城市46个,示范城市配送车辆日单车行驶里程较示范建设期初提高22%以上、运输成本降低10%以上,车辆能耗利用率明显提升,示范作用明显。组织开展60个农村物流服务品牌宣传推广工作,推广电商物流、客货同网、货运班线等运营组织模式,不断提升农村物流服务品质。

（4）**水运创新发展动能不断增强。**着力推进区块链规模化应用,10家沿海港口、8家航运企业实现上链运行,全年完成集装箱电子放货44.1万标箱。上海港打造超远程智慧指挥控制中心,实现全球首次超远程控制港口大型设备作业。招商港口全面推广"招商芯"操作系统和"招商ePort",推动港口数字化转型和智能化升级。广州港在南沙港区四期工程应用北斗高精度定位,全球首创"北斗导航无人驾驶智能导引车＋堆场水平布置侧面装卸＋单小车自动化岸桥＋低速自动化轨道吊＋港区全自动化"模式。

（5）**航空货运能效稳步提升。**货运生产效率指标稳中有升,2021年民航平均正班载运率为66.9%,比上年提高0.4个百分点,在册运输飞机平均日利用率为6.62小时,比上年增加0.13小时。广州、南宁、武汉、西安等国内机场加快拓展完善国际货运航线,产业链供应链保障能力明显增强。东航物流完成改制上市,加快向现代航空物流服务集成商转型。

（6）**快递服务能力持续升级。**快递服务网络日益完善,主要快递品牌网点覆盖全国98%的乡镇,"客货邮"融合加快发展,建成客货邮融合站点1373个,开通客货邮合作线路917条。部分快递企业推出"快运标准达"服务,简化合并"标准零担"与"重货包裹"规则,提升服务标准,打造时效领先的快运服务。

(7)统筹做好重点物资运输保障。全力做好能源、粮食等关系国计民生的重要物资运输保障,积极做好供需对接,点对点支持中高风险地区农业生产物资运输。铁路煤炭、冶炼物资等主要产品运输规模均超过疫情前水平。统筹做好重点物资水路运输保障,加强动态监测、组织协调、船舶调度,实施优先引航、优先过闸、优先锚泊、优先靠离泊等措施,为能源、粮食水路运输安全平稳有序提供了有力保障,港口生产17大货类中,除原油外其他货类吞吐量均有所增长,其中煤炭及制品、矿建材料、铁矿石、钢铁、原油规模位居前五,全年分别完成吞吐量28.3亿吨、27.3亿吨、20.7亿吨、6.9亿吨和6.8亿吨,合计占港口货物吞吐量的57.9%,比上年分别增长10.8%、增长11.1%、增长1.4%、增长2.7%和下降1.5%,完成粮食吞吐量3.9亿吨、增长18.6%。

(8)冷链物流运输迅猛发展。随着居民生活水平持续提高,居民消费结构、消费模式不断升级,冷链运输需求快速增长,近5年年均增速在15%以上。2021年,铁路冷链运输蓬勃发展;公路冷链运输占冷链运输总量的90%左右,在冷链运输中占主导地位,2021年末我国公路冷藏保温车保有量达36.7万辆;水路进口冷藏集装箱达185.1万标箱,占冷链运输总量的8%左右;民航冷链运输以"飞机+航空温控箱"为主,其中顺丰已拥有完整的航空冷链运输体系。发布56家重点联系物流企业名单,推动疫苗生产企业与物流企业紧密对接,建立实施道路运输调运单制度,统筹各种运输方式物流资源,保障疫苗国内国际安全高效运输。

四、开放合作

2021年,交通运输行业高举多边主义旗帜,坚持与世界相交,与时代相通,践行共商共建共享的全球治理观,推进全球交通合作,加强基础设施互联互通,促进陆、海、天、网"四位一体"互联互通。

(一)
成功举办第二届联合国全球可持续交通大会

2021年我国成功举办第二届联合国全球可持续交通大会,习近平主席出席大会开幕式并发表题为《与世界相交 与时代相通 在可持续发展道路上阔步前行》的主旨讲话,联合国秘书长古特雷斯和俄罗斯总统普京、土库曼斯坦总统别尔德穆哈梅多夫、埃塞俄比亚总统沃克、巴拿马总统科尔蒂索、荷兰首相吕特等5位外国元首、政府首脑以视频方式出席开幕式并致辞,171个国家和61个国际组织派代表参会。大会聚焦可持续交通与减贫脱贫、民生、国际互联互通合作、绿色发展、区域发展、创新发展、安全发展、可持续城市、政府治理等9项议题,组织了包括全体会议、部长论坛、科学技术创新论坛、企业家论坛、主题会议等14场活动,130余位交通部长、企业家代表、国际组织负责人等围绕民生、绿色发展、安全发展、互联互通、应对疫情和经济复苏等多个领域进行了交流发言和对话。发布《北京宣言》,为联合国2030年可持续发展议程中与交通相关的各项目标落实提供了行动框架。宣布建立中国国际可持续交通创新和知识中心,打造全球可持续交通发展的高端智库、高端合作和展示平台、人文交流高地。

(二)交通运输国际交流与合作不断深化

(1)交通运输国际合作"朋友圈"持续扩大。积极发展全球交通合作伙伴关系,形成十余个政府间多双边对话机制。依托中俄总理定期会晤委员会运输合作分委会第二十五次会议、第二十次中国—东盟交通部长会议、第八届中日韩运输与物流部长会议、联合国亚太经社会第四届交通部长会议、第四届中国—中东欧国家交通部长会议、中哈交通合作分委会第十三次会议、第二十一次亚太海事局长会议、第十三次中国—东盟海事磋商机制会议等多双边国际会议,持续深化与沿线国家交通可持续发展合作,为构建新型国际关系发挥积极作用。

成功举办"驻华使节走进交通运输部"活动,来自103个驻华使馆、7个国际组织驻华代表机构的123人出席。

(2)**多领域交流合作不断深化。**强化可持续交通领域国际合作,中国—东盟、中日韩等交通运输合作持续深化。在国际海事组织、国际民航组织框架下共同推动温室气体减排,可持续交通、物流、交通数字化等领域的交流合作更加务实。积极开展与相关国家的海事能力建设和技术合作项目,向其他发展中国家提供基础设施建设、规划编制、能力建设等方面支持和援助。

(3)**交通平台建设稳步推进。**积极拓展国际合作平台,依托亚洲基础设施投资银行、金砖国家新开发银行、丝路基金、中国—联合国和平与发展基金、南南合作援助基金、中国气候变化南南合作基金、国际发展知识中心等,有力支持发展中国家可持续交通建设,交通全球治理的发展机制进一步丰富。上海市人民政府与交通运输部共同举办2021北外滩国际航运论坛,习近平主席致贺信。2021年中国航海日活动、首届世界航商大会、2021"丝路海运"国际合作论坛等成功举办,国际国内影响力进一步提升。积极打造交通新平台,加快筹建中国国际可持续交通创新和知识中心。

（三）
"一带一路"交通互联互通高质量发展

1. 对外基础设施"硬联通"持续加强

（1）铁路互联互通取得新成效。中老铁路、拉伊铁路、巴基斯坦"橙线"轨道、莫斯科地铁第三换乘环线西南段等建成通车，马来西亚东海岸铁路项目首条隧道贯通，蒙内铁路持续安全运营。中泰铁路、匈塞铁路、雅万高铁等项目持续推进。巴基斯坦1号铁路干线升级改造、中吉乌铁路、中尼铁路等项目前期研究积极推进。截至2021年末，中欧班列通达欧洲23个国家的185个城市，全年开行1.5万列、发送集装箱146万标箱，比上年分别增长22%和29%，运输货品达5万余种。西部陆海新通道班列全年发送集装箱57万标箱，比上年增长57.5%。

四、开放合作

> **专栏 4-1**
>
> ### 中欧班列：疫情下的"钢铁驼队"
>
> 疫情发生后，中欧班列在助力全球抗击疫情中发挥了重要作用。在全球海运受阻、空运运费高企的情况下，武汉、厦门、义乌、西安、重庆等地开行了中欧班列防疫物资专列，大力支持了"一带一路"国家的疫情防控和医疗救助等工作。2021年中欧班列运送防疫物资423万件、2.9万吨。

（2）**公路互联互通加快推进。** 中巴经济走廊"两大"公路全线通车，中俄黑河公路桥建设完工并具备通车运营技术条件。依托中蒙俄、中吉乌、中塔乌、中俄（大连—新西伯利亚）、中越国际道路，国际道路运输网络辐射范围快速拓展，与周边国家公路互联互通水平显著提升。

（3）**海运互联互通不断加强。** 水路国际运输航线往来100多个国家和地区，2021年我国海运班轮联通性指数继续稳居全球第一。希腊比雷埃夫斯港、巴基斯坦瓜达尔港等海外港口运营良好。我国已经成为全球海运连接度最高、货物贸易额最大的经济体。

（4）**国际民航运输航线网络不断拓展。** "空中丝绸之路"建设继续推进，2021年，我国与共建国家签署的双边航空运输协定达到98个，国内航空公司经营国际定期航班通航44个国家的75个城市。民航基础设施建设"走出去"迈出坚实步伐，巴基斯坦瓜达尔新国际机场、马尔代夫维拉纳国际机场等项目有序推进。

2. 对外制度规则"软连通"更加顺畅

（1）"一带一路"交通合作机制不断完善。与国际海事组织签署《关于落实〈通过"21世纪海上丝绸之路"倡议推动国际海事组织文件有效实施的合作意向书〉加强海事合作的行动计划（2022—2023年）》。我国与147个国家、32个国际组织签署的200多份共建"一带一路"合作文件中，大部分都涉及交通互联互通合作。

（2）国际规则对接和应用持续加快。2021年，我国与塞尔维亚签署互认换领机动车驾驶证的双边协议，中法驾驶证互认换领协议正式生效。与俄罗斯签署我国首个同外方缔结的危险货物国际道路运输协议，截至2021年末，与19个国家签署22项双多边政府间国际道路运输便利化协定。与66个国家和地区签署70个双边和区域海运协定。开展外籍国际航行船舶沿海捎带业务试点、外籍船员培训发证试点，推动境外船舶移籍登记"一事通办"。

（四）
国际物流供应链更加稳定畅通

按照党中央、国务院决策部署，交通运输部会同相关部门成立国际物流保障协调工作机制，全力做好保通保运保供工作，有力支撑全球产业链供应链稳定畅通。

1. 建立国际物流保障协调工作机制

（1）**国际物流供应链保障能力不断提升。**提高中欧班列运输保障能力，适度增加班次密度。加强运力调配，通过在边境口岸接驳运输等方式，确保国际道路货运正常运行。开辟国际快船运输，为解决邮政快件积压开辟新的渠道。增加国际航空货运运力，鼓励航空公司通过"客改货"、货运包机等方式增加航空货运能力。

（2）**供需对接不断强化。**公布第一批 54 家国际物流运输重点联系企业名单，建立涵盖国际航空货运、国际海运、国际寄递物流、中欧班列、国际道路货运等领域重点企业的运力资源库。推动构建国际供应链服务保障系统，实现查询、下单、全程跟踪等服务，推进物流企业与制造企业、外贸企业供需信息方面的对接。

（3）**防控措施及支持政策有力。**制定国际航行船舶船员、国际货运飞机乘务员、国际道路运输驾驶员等从业人员防控政策。出台推进国际物流供应链发展的文件，制定主要任务和重点工作，加快构建开放共享、覆盖全球、安全可靠、保障有力的国际物流供应链体系。

2. 国际货运保障服务能力不断提高

（1）**中欧班列运行质量稳步提升。**按照《关于深化中欧班列合作协议》要求，着力推动铁路基础设施衔接、全程运输组织、服务标准和信息平台统一等工作。成立中欧班列运输协调委员会，搭建统一运输协调平台，共同解决中欧班列发展中面临的问题。中欧班列开行数量和质量稳步提高，连续 20 个月单月开行千列以上，综合重箱率达到

98.1%。截至2021年末,已累计开行48814列、运送货物443.2万标箱,为保障国际产业链供应链稳定畅通作出了积极贡献。

（2）西部陆海新通道建设提速。《西部陆海新通道总体规划》《"十四五"推进西部陆海新通道高质量建设实施方案》等重要文件陆续印发,四川、重庆等12个省（区、市）与海南省、广东省湛江市共同签署了《合作共建西部陆海新通道框架协议》,形成"13+1"共建格局。以重庆为运营中心,覆盖中西部13省47市,向南经广西北部湾等沿海沿边口岸出海新通道更加畅通。2021年,西部陆海新通道铁海联运班列开行6117列,比上年增长33%。

（3）国际道路运输便利化程度持续增强。《国际公路运输公约》（TIR公约）全面实施,国家便利运输服务水平持续提升,为共建"一带一路"高质量发展作出了积极贡献。

（4）国际海运服务体系全球领先。2021年,全国港口完成外贸货物吞吐量47.0亿吨,比上年增长4.5%。其中,煤炭外贸进港量比上年大幅增长21.3%,原油、铁矿石外贸进港量与上年基本持平、规模保持高位,完成外贸集装箱吞吐量1.6亿标箱,比上年增长7.5%。招商局集团货物总吞吐量排名全球第一,在全球六大洲、27个国家和地区参与运营了68个港口。中国远洋海运集团集装箱吞吐量全球第一,在全球参与运营了36个港口。

（5）国际航空货运服务能力持续增强。截至2021年末,我国境内运输机场（不含香港、澳门和台湾地区）248个,北京、上海、广州、深圳和郑州等综合性枢纽机场货运功能不断完善,逐步形成畅通周边国家、辐射全球的航空货运网络。2021年,民航开行国际货运航班20万班,比上年增长22%,国际航线货邮运输量完成266.7万吨,比上年增长

19.6%。国际及港澳台快递业务量完成21.0亿件,比上年增长14.6%。2021年,我国共有定期航班航线4864条,其中国际航线279条。

（五）交通运输全球治理参与度稳步提升

（1）**促进我国交通运输标准国际化**。加快行业技术标准外文翻译工作,持续推进标准国际化。2021年,发布ISO铁路国际标准4项、标准外文译本50项,中国铁路技术标准外文版总数达150余项,发布《自动化集装箱码头设计规范》等4项水运工程建设标准外文版。积极推进交通运输技术标准海外应用和属地转化,交通运输标准化的国际影响力不断提升。

（2）**积极参与国际组织活动和国际事务合作**。我国认真履行国际责任和义务,加入120余项交通运输领域多边条约。连续第17次当选国际海事组织A类理事国,连续48年任国际民航组织理事国,连任国际民航组织（ICAO）秘书长,成功当选万国邮政联盟新一届行政理事会理事国、邮政经营理事会理事国,当选国际航标协会新一届理事会成员。建设性参与国际民航组织《联合国气候变化框架公约》国际航空减排谈判与磋商,积极为推动构建公正合理、包容互鉴的国际航空减排机制贡献中国智慧、中国方案。

五、安全应急

2021年，交通运输行业坚持人民至上、生命至上，统筹发展和安全，努力防范化解交通运输领域重大风险，通过深入推进道路运输、公路运营、水上运输、港口航道等领域安全整治和公路水运工程建设领域安全治理专项行动，有力提升了安全生产治理能力和治理水平，推动安全生产形势保持总体稳定。

（一）安全生产形势总体平稳

2021年，交通运输安全生产事故起数、死亡失踪人数总体实现"双下降"，行业安全生产形势总体稳定。

（1）**铁路**。发生较大事故1件，比上年减少12件。未发生特别重大、重大事故。铁路交通事故死亡人数比上年下降23.1%。

（2）公路。 发生较大及以上等级事故 77 起、死亡 349 人，比上年分别增加 3 起、16 人。未发生特别重大事故。

（3）水路。 发生中国籍运输船舶事故 129 起、死亡 153 人，比上年分别下降 6.5% 和 21.9%。未发生特别重大事故。**港口**发生一般事故 6 起、死亡 6 人，比上年分别减少 1 起、1 人。未发生较大及以上等级事故。

（4）民航。 发生通用航空事故 16 起、死亡 18 人，比上年减少 2 起、增加 5 人。

（5）邮政。 未发生较大以上安全事故，发生一般安全事故 8 起，比上年减少 10 起。

（二）
安全防控能力持续提升

（1）公路水路交通安全管理水平持续提高。 制定安全生产专项整治三年行动 2021 年"集中攻坚年"任务清单，开展重难点问题集中攻坚，发布安全生产领域国家和行业标准 27 项。通过陆、海、空、天四个维度设施建设和高新技术应用，构建"陆海空天"一体化水上交通安全保障体系，打造全要素水上"大交管"。强化水上涉客运输监管，打击内河船非法涉海运输，实施水上无线电秩序管理。开展港口航道等领域安全整治，印发《港口危险货物重大危险源监督管理办法》等文件，推动发布危险货物集装箱港口作业安全要求等 4 个强制性国家标准。开展商渔船警示活动,播发商渔船防碰撞安全信息。联合部署开展常压液体危险货物罐车专项治理。公路水运工程建设领域安全治理持续深化。深入推进平安工地建设全覆盖,全面推进"平安百年品质工程建设",强化工程质量安全监管。

（2）**防范化解重大安全风险**。印发《交通运输部关于深化防范化解安全生产重大风险工作的意见》,明确42项重大风险清单,指导各地加强重大风险摸排、辨识、管控。交通网络抗风险能力稳步提高。稳定提升重点区域的多路径连接比率,完善紧急交通疏散等安全应急设施,完成全国自然灾害综合风险公路水路承灾体普查,出台公路水路交通运输关键信息基础设施管理办法和专项规划,加强重要信息系统的网络安全防护。交通运输安全生产体系不断完善。加强铁路沿线安全环境整治,开展公路安全设施和交通管理精细化提升专项行动,实施公路危旧桥梁改造工程,改造桥梁8578座,深化船舶碰撞桥梁隐患治理,开展公路水运工程"红线行动",民航系统安全管理效能不断提升,扎实开展平安寄递建设。

（三）应急保障能力不断提高

（1）**应急管理体系不断完善**。交通运输应急管理体系顶层设计持续优化,印发《关于加强交通运输应急管理体系和能力建设的指导意见》《交通运输突发事件应急预案管理办法》等文件,研究起草《关于进一步加强海上搜救应急能力建设的意见》等配套文件。应急管理体制机制不断健全，起草《部应急工作领导小组工作制度》《突发事件信息报告情况通报制度》等9项文件。深化搜救协调联动、军地搜救协同、医疗合作等机制，与中国气象局公共气象服务中心签订战略合作协议，深化极端天气预警工作。健全完善长江干线省市水上搜救机制，进一步提升长江干线水上应急救助能力，推广普及交通医疗急救箱伴行计划。

（2）应急能力建设持续推进。先进科技和装备应用进一步加强。持续推进北斗系统国际化应用，会同有关单位推动北斗报文服务系统加入GMDSS（全球海上遇险与安全系统）。升级全国公路灾毁信息采集系统，新增"农村公路灾毁信息采集"模块。印发《海事系统"十四五"发展规划》，推动我国首艘万吨级海事巡逻船"海巡09"轮、台湾海峡大型巡航救助船"海巡06"轮列编。信息化系统决策辅助和支持保障能力进一步提升。推动国家区域性公路交通应急装备物资储备中心建设，累计建成14处，在建9处。开展行业专网安全专项整治。应急演习演练进一步深化。举办2021年国家海上搜救无脚本实战演练、反海盗船岸联合演练，常态化开展网络安全演习演练，牵头参与3次国家网络（攻防）演习任务。实战化开展高海况条件下人命救助、海上溢油和危化品应急处置、海上消防等训练演练，稳步提升应急救捞实战技能。

（3）救捞设施及装备水平快速提升。印发《救捞系统"十四五"发展规划》。推进救捞基础设施建设及装备建造，汕头救助基地、外高桥码头配套设施、6000米ROV（遥控无人潜水器）、500米饱和潜水成套设备、插装式抢险打捞工程船等设施装备投入使用，10架中型救助航空器获批复建造,符合安装条件的救捞船舶实现北斗系统全覆盖,成功完成500米饱和潜水陆基载人实验。结合海区险情特点、装备列编等情况,科学调整和部署各海区救捞力量,重点区域重点布防,圆满完成全年应急待命任务。

（4）**妥善做好突发事件应急处置。** 全年各级海上搜救中心共组织协调搜救行动1990次,成功救助中外遇险船舶1171艘、中外遇险人员13928人,搜救成功率达95.5%。妥善处置"永丰"轮爆炸起火、"深联成707"轮翻扣、"六盘水客8015"侧翻、河南郑州特大暴雨灾害、云南省漾濞县6.4级地震及青海省玛多县7.4级地震等多起突发事件。高效安全转移辽宁大连水域被困漂移海冰游客28名,创我国海上救助单机单架次救助人数新纪录。克服台风恶劣天气影响,高效完成失控漂航的"企业6"轮、"金湾女工"轮上52名遇险人员救助任务。成功清除沉没在长江口北槽航道的"新其盛69"轮,为长江大动脉畅通提供了有力保障。

六、疫情防控

2021年,交通运输行业深入贯彻落实党中央、国务院部署要求,始终坚持人民至上、生命至上,坚持"外防输入、内防反弹"总策略和"动态清零"总方针,毫不放松持续抓好交通运输常态化疫情防控,为统筹疫情防控和经济社会发展工作提供了坚实的交通运输保障。

(一)疫情防控应急指挥体系不断完善

在国务院应对新型冠状病毒肺炎疫情联防联控机制框架下,交通运输部门靠前指挥,交通运输疫情防控指挥体系不断完善,形成了抗击疫情的交通运输行业合力。2021年,交通运输疫情防控指挥体系持续高效运转,全年共召开部应对新冠肺炎疫情工作领导小组会议14次、部联防联控机制会议27次,研究部署并督促落实327项工作任务,落实国务院联防联控机制统一部署,在10余省份开展综合或专项督查,指导地方交通运输部门积极有效应对深圳港、宁波舟山港疫情,密切跟踪、科学研判疫情态势,制修订10余项疫情防控指南,总结疫情防控做法经验,编印《突发公共卫生事件交通运输应急预案》。

(二) 外防输入,筑牢国门防线

交通运输系统严格落实公路水运口岸"客停货通"总要求,针对疫情形势发展和季节性特点,修订港口及一线人员、公路口岸汽车出入境运输、进口冷链食品及高风险非冷链集装箱货物检测消毒等领域疫情防控指南,联合印发加强国际转国内航线船舶疫情防控的通知。加强高风险岗位人员闭环或封闭管理,避免国际和国内作业场所工作人员交叉作业,坚决筑牢公路水运口岸外防输入防线。强化船员疫情防控,实行来华国际航行船舶船员换班"熔断"机制,2021年共执行6次熔断、暂停1069艘船舶外国籍船员在我国境内港口换班。提高国际航行船舶船员疫苗接种比例,协调相关部门为国际航行船舶中国籍船员接种单针疫苗提供便利。民航共实施268次熔断措施,熔断航班603班;实施11次控制客座率措施,涉及航班44班。

（三）
内防反弹，巩固"战疫"成果

根据常态化疫情防控要求，因时因势调整完善常态化疫情防控举措，统筹优化更新防控指南。持续做好公路水路客运同乘密接人员大数据筛查，支撑有关地方做好同乘密接人员防控管理，科学赋能疫情精准防控。各地交通运输部门严格落实防控指南要求，做好客运场站和交通运输工具通风、消毒以及旅客测温、戴口罩、信息登记等常态化疫情防控工作，加强交通枢纽疫情防控，落实高风险岗位人员安全防护等各项防控措施，加强一线人员自身防护。全力做好涉疫地区本土疫情处置，坚决防止疫情通过交通运输传播。会同有关部门科学设置公路防疫检查点，优化现场组织和人员配备，避免车辆人员聚集，确保安全畅通。发布56家新冠疫苗运输重点联系企业名单，推动疫苗生产企业与物流企业紧密对接，建立实施道路运输调运单制度，统筹各种运输方式物流资源，保障疫苗国内国际安全高效运输。做好水路客运航线和港口客运站常态化疫情防控，落实客船客座率限制、旅客体温检测和健康码查验、船舶重点区域及港口客运站通风消毒、工作人员定期核酸检测等防疫要求，加强节假日水路客运服务保障和疫情防控。

七、绿色发展

2021年，交通运输行业坚持绿水青山就是金山银山的发展理念，坚持走文明发展之路，积极推进交通运输绿色低碳转型相关工作，持续做好污染防治工作，推动绿色交通发展取得新进展。

（一）交通运输绿色低碳转型工作稳步推进

（1）**贯彻落实国家"双碳"任务要求。**贯彻落实《中共中央 国务院关于完整准确全面贯彻新发展理念做好碳达峰碳中和工作的意见》及《国务院关于印发〈2030年前碳达峰行动方案〉的通知》要求，坚持全国统筹、节约优先、双轮驱动、内外畅通、防范风险的原则，在碳达峰碳中和框架下，强化大局意识、履行行业职责，强化系统谋划、做好统筹部署，强化分类施策、注重因地制宜，强化改革创新、推动双轮驱动,全面推进交通运输绿色低碳转型,加快形成绿色低碳交通运输方式。

（2）**系统谋划完善碳达峰碳中和工作机制**。编制交通运输绿色低碳转型相关政策文件,联合国家发展和改革委员会等部门印发《交通运输领域绿色低碳发展实施方案》。印发《交通运输部　国家铁路局　中国民用航空局　国家邮政局贯彻落实〈中共中央　国务院关于完整准确全面贯彻新发展理念做好碳达峰碳中和工作的意见〉的实施意见》《公路水路行业绿色低碳发展行动方案》《加快推进公路沿线充电基础设施建设行动方案》《绿色交通"十四五"发展规划》《"十四五"民航绿色发展专项规划》等政策文件,统筹推进行业绿色低碳发展。

（3）**有序开展碳达峰碳中和相关工作**。推进交通运输结构优化,加快建设综合立体交通网,加快发展以铁路、水路为骨干的多式联运,构建完善、合理、便捷的城乡公共交通体系,推动新技术与交通运输融合发展。加快推进节能低碳装备推广应用,加快发展新能源和清洁能源车船,加强交通电气化替代,加快老旧运输工具更新改造,推动前沿技术攻关。引导绿色低碳出行,全面推进公交都市建设,提高公共交通供给能力,积极开展绿色出行创建行动,引导公众优先选择绿色出行方式。坚持资源节约集约利用,统筹利用综合运输通道线位、土地、空域等资源,鼓励不同方式、不同等级的线性交通基础设施共用通道,大力推广节能环保材料、工艺工法。

（二）绿色低碳交通发展取得新成效

（1）**运输结构调整成效显著**。"公转铁""公转水"政策持续发力，国务院办公厅印发《推进多式联运发展优化调整运输结构工作方案（2021—2025年）》，运输结构调整示范区建设进一步深化，云南、江苏、黑龙江等省份出台专项补助政策，引导中长距离大宗货物运输加快向铁路、水路转移，运输结构调整取得新成效，与上年相比，2021年全国铁路水路货运量共实现增量8.4亿吨。环渤海、长三角地区等17个主要港口煤炭集港已全部改为铁路和水路运输。

（2）**绿色低碳交通基础设施建设加快推进**。截至2021年末，全国公共及私人充电桩保有量261.7万台，比上年末增长70.1%，其中公共充电桩114.7万台，随车配建充电桩（私人充电桩）147万台。全国换电站保有量1406座，是上年末的1.5倍，3102个高速公路服务区建设了充换电基础设施，建成充电桩1.3万余个，其中在重要城市群、都市圈高速公路服务区、客运枢纽等场站新建充电桩9824个、升级改造充电桩453个。进一步推进长江经济带船舶靠港使用岸电，全年长江经济带9省2市完成5300余艘船舶受电设施改造，年末长江经济带港口和水上服务区岸电设施覆盖泊位达7300多个，全年使用岸电6600多万度，同比增长约32%，加强上下联动、政企联动、区域协作,积极推进渤海湾省际客(货)滚船舶和国内沿海大型内贸干散货船舶靠港使用岸电。全国年旅客吞吐量 500 万人次以上机场飞机 APU 替代设备安装率、使用率均超过 95%。

（3）碳排放数据平台建设积极推进。按照"一张监测网、一套权威数、一个智能化核算预测体系和一体化管理"的目标,多措并举推动交通运输能耗数据的"可分析、可追溯、可分解、可考核、可预测、可预警",开展交通运输碳排放统计监测实验平台建设,探索开发数据治理中心、大数据分析中心和决策支持中心三大系统,数据治理中心实现交通、统计、工信等多个部门 70 多类数据源数据的入库、建模和标准化治理,大数据分析中心实现空间数据场景展示,决策支持中心支撑多交通方式、多能源类型、多情景碳排放精准核算及预测,辅助公路水路行业达峰评估。

（4）交通生态环境保护与修复取得新进展。发布《绿色公路建设技术指南》《美丽农村路建设指南》,建成 20 条绿色公路主题性试点工程,开展 33 条绿色公路典型示范工程建设。发布《绿色港口等级评价指南》《港口工程清洁生产设计指南》,引导新建码头高标准绿色建设和老旧码头绿色升级改造,建成了 11 个绿色港口主题性试点工程。建立健全长江经济带船舶和港口污染防治长效机制,巩固突出问题整治成果。发布《内河航道绿色建设技术指南》《内河航道绿色维护技术指南》,建设荆江生态航道和长江南京以下 12.5 米深水航道等一批绿色航道工程,在泰州、岳阳等地开展了长江航道疏浚砂综合利用工作。推进交通基础设施与生态保护红线相协调、与资源环境承载力相适应,将生态环保要求贯穿到交通基础设施规划、建设、运营和养护全过程。严格执行国家环境保护"三同时"制度,交通基础设施建设全面实行"避让—保护—修复"模式。

八、科技创新

2021年，交通运输行业牢牢把握创新在我国现代化建设全局中核心地位的定位和要求，始终把科技创新摆在突出位置，行业科技发展基础进一步夯实，人才队伍建设持续加强，科研产出成果持续增加，智慧交通加快发展，科技创新水平不断提高，为推动交通发展由依靠传统要素驱动向更注重创新驱动转变提供了重要保障。

（一）科技创新水平不断提高

2021年，交通运输部联合相关部门印发了《科技创新驱动加快建设交通强国的意见》，在国家重点研发计划重点专项中部署了30余个交通领域项目，加快实施关键核心技术攻坚科技工程，努力发挥重点科技项目清单作用，引导19.6亿元社会资金投入交通运输科技研发，助力行业科技创新工作取得了积极成效。

（1）科技成果取得新进展。2021年，交通运输领域共有"青藏高海拔多年冻土高速公路建养关键技术及工程应用""高压富水长大铁路隧道修建关键技术及工程应用"等15个项目获得2020年度国家科学技术奖，其中铁路行业10个、公路行业3个。共有66项专利获第二十二届中国专利奖，其中铁路行业35项、公路行业19项、水运行业7项。共有312项科技成果入选2021年度交通运输重大科技创新成果库，248项科技成果进入铁路重大科技创新成果库，组建国家川藏铁路技术创新中心，实施20项国家重点专项。截至2021年末，公路水路交通运输领域科技活动重点单位各类在研科技项目约1.1万个，其中交通运输企业科技项目超过5000个、占比接近五成，全年完成科技成果推广应用近3000项，比上年增长41.2%，签订四技合同1.3万项，签订科技成果许可合同87项，签订科技成果作价投资合同44项。

（2）科技发展基础进一步夯实。交通领域全国重点实验室、国家野外科学观测站、国家科普基地等建设稳步推进，截至2021年末，公路水路领域共有56个行业重点实验室，86个行业研发中心，19个协同创新平台，13个野外科学观测研究基地，10家国家交通运输科普基地，其中北京大杜社公路材料腐蚀与工程安全等3家国家野外科学观测研究站获科技部批准建设，交通运输领域国家野外站实现"零"的突破，24家邮政快递行业技术研发中心获国家邮政局认定。科研仪器设备实现稳步增长，截至2021年末，公路水路交通运输领域科技活动重点单位拥有科研仪器设备31.3万台（套），比上年末增加1.6万台（套）、增长5.5%。拥有价值50万元及以上科研仪器设备5456台（套），比上年末增加491台（套）、增长9.9%，其中科学研究与技术服务事业单位、转制为企业的研究机构、高等院校、交通运输企业分别拥有 1395 台（套）、473 台（套）、1218 台（套）和 2306 台（套）。

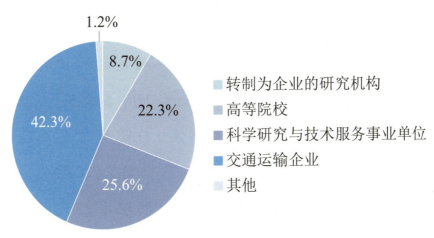

图 8-1 2021 年 50 万元及以上科研仪器设备占比情况

注：图中数据为四舍五入的数据。

（二）智慧交通加快发展

（1）**交通基础设施智能化建设稳步推进。**印发《交通运输领域新型基础设施建设行动方案（2021—2025 年）》，传统基础设施数字化升级改造扎实开展，以京雄智慧高速公路为代表的交通新基建项目稳步建设，完成 11 座长大桥梁结构健康监测系统试点，推进公路路面长期性能科学观测网建设试点。天津港北疆、深圳港妈湾、日照港石臼自动化集装箱码头建成投运。截至 2021 年末，我国自动化集装箱码头已建和在建规模均居世界首位。

> **专栏 8-1**
>
> ### 京雄智慧高速公路
>
> 京雄高速公路是雄安新区规划纲要确定的构建"四纵三横"区域高速公路网的重点项目。公路全长100多公里，从北京向南经涿州、固安等市县，到达雄安新区后，与既有荣乌高速公路相接。京雄高速公路是一条示范性"智慧公路"，在两侧的车道各预留了一道智慧出行专用的车道，可以实现准全天候驾驶和智慧驾驶的功能。通过在道路两侧设置的气象和车况采集设备，把采集到的数据经过智慧中心进行处理之后，实时通过道路上的显示屏或者WiFi信号基站，投送到在路上行驶的车辆，做到路况和天气的准确预报。道路两侧每隔约40米就有一根10余米高的白色灯杆。除照明之外，灯杆还整合了路面状态检测器等新型智能设备，同时利用北斗高精度定位、数字地图、可变信息标志和车路通信系统等，为车主提供车路通信、高精度导航和预警等服务。2021年10月，京雄高速公路北京段京深路立交桥首联现浇梁浇筑完成，标志着京雄高速公路北京段重难点控制性工程建设取得重要进展，为全线如期建成通车奠定了基础。

（2）**交通装备智能化加快发展**。交通运输部会同有关部门发布实施《智能网联汽车道路测试与示范应用管理规范（试行）》，进一步支持自动驾驶技术示范应用，启动自动驾驶、智能航运先导应用试点，我国首艘自主航行的300标箱集装箱船"智飞"号完成海上测试。北斗导航系统在行业内应用进一步深化，复兴号智能型动车组在世界上首次实现时速350公里自动驾驶功能。快递分拨中心智能化改造加快推进，枢纽转运中心基本实现自动分拣全覆盖，县域小型分拨中心和揽收端自动分拣技术应用推广范围不断扩大，无人仓技术进一步普及，无人车、无人机在多场景实现常态化运营，中通在新疆利用国内最大的民用无人运输机开通常态化支线物流运行航线。

专栏8-2

自动驾驶

自动驾驶作为当下汽车行业最为前沿的技术，也是人工智能的主要应用场景之一。近年来交通运输部持续推动自动驾驶、车路协同等技术发展和应用，积极构建"新基建"应用场景。截至2021年已分三批认定了7个自动驾驶封闭场地测试基地，分别在北京、西安、重庆、上海、泰兴、襄阳、亦庄。"十四五"期间，交通运输行业将围绕公路运输、城市出行、物流园区内运输、港口作业等场景布局一批试点，探索自动驾驶技术与交通运输深度融合的路径，更好推动技术落地应用。

（3）运输服务智慧化水平持续提高。铁路12306网站及手机APP上线适老化无障碍功能，指导主要网约车平台公司优化约车软件，增设方便老年人使用的"一键叫车"功能，2021年主要网约车平

台公司"一键叫车"功能累计为690多万老年人乘客提供打车服务2200余万单,努力为老年人及障碍人士出行提供更多便利。道路客运电子客票应用范围进一步扩大,截至2021年末,20个省份普及道路客运电子客票服务,累计生成电子客票超7200万张。开展ETC智慧停车城市建设试点,拓展ETC在停车场、加油站等应用,16个省份开通了ETC停车场,具备ETC支付功能的停车场约3400个。全国29家机场实现身份证一证通行,66家机场应用人脸识别技术,234家机场实现"无纸化"便捷出行,国内千万级以上机场上线行李跟踪系统。智能快件箱规模稳中有升,公共服务站达16.1万个,智能快件箱投递率达到10%以上。"互联网+"城市公共交通融合发展稳步推进,全国100多个城市步入公交移动支付时代,318个地级以上城市实现交通一卡通互联互通。港航作业单证电子化和基于区块链的全球航运服务网络建设加快推进。

（4）交通运输治理智慧化水平不断提升。大力推进国家综合交通运输信息平台建设,数据资源开放共享不断深化,2021年部级平台政务数据量比上年增长69.6%,数据共享服务次数增长超4倍。公路网运行监测管理与服务平台初步建成,"司机之家"覆盖范围进一步扩大,2021年新增建设"司机之家"400个,稳定运行超过800个,开发完成线上"司机之家"小程序,实现线上线下协同发展。大力推进道路运输驾驶员高频服务事项"跨省通办",依托国家政务服务平台"跨省通办"专区、交通运输部微信公众号、微信小程序、手机APP等全国统一入口,实现了从业资格证等5项业务7×24小时"网上受理""全程网办"。实施进口电商货物港航"畅行工程",在上海、宁波舟山、广州等9个港口应用港航区块链电子放货平台,主要进口电商货物港航单证平均办理时间缩短至 4 小时以内。着力推进海事政务自助服务站建设,在长三角长江干线重点港区码头、水上服务区、船员培训学校、海事站点等地投入使用 191 台自助服务终端,对政务公开、政务办理等业务提供 7×24 小时自助服务。

(三) 人才队伍建设持续加强

(1)**交通运输科技活动人员数量较快增长**。截至 2021 年末,公路水路领域科技活动重点单位科技活动人员达 15.2 万人,比上年末增长 10.6%,其中研发人员 8.3 万人,比上年末增长 21.6%,明显快于科技活动人员整体增速。分结构看,科学研究与技术服务事业单位科技活动人员 0.5 万人,占科技活动人员比重为 3.6%,其中硕士及以上学位、高级职称占比分别为 64.7% 和 49.5%;转制为企业的研究机构科技活动人员达 1.1 万人,占比为 7.1%,其中硕士及以上学位、高级职称占比分别为 43.3% 和 33.8%;高等院校科技活动人员达 1.2 万人,占比为 8.1%,其中硕士及以上学位、高级职称占比分别为 77.7% 和 47.7%;交通运输企业科技活动人员达 12.0 万人,占比为 78.7%,其中硕士及以上学位、高级职称占比分别为 17.5% 和 22.5%。

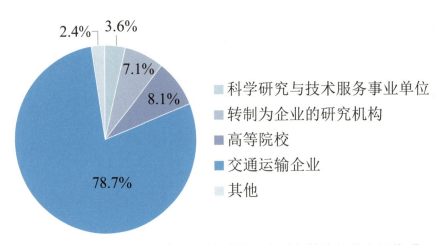

图 8-2　2021 年公路水路领域科技活动重点单位从业人员构成

注：图中数据为四舍五入的数据。

（2）**高层次人才队伍培树稳步推进**。2021 年，交通运输领域共有 2 人获得国家高层次人才特殊支持计划，14 人入选享受政府特殊津贴人员名单，3 人获得"全国技术能手"称号。10 名中青年科技领军人才、7 个重点领域创新团队、4 个创新人才培养示范基地入选 2021 年度交通运输行业科技创新人才推进计划，245 人获得"全国交通技术能手"称号。林鸣、胡亚安、王云鹏、李克强等交通领域专家新当选为中国工程院院士。

九、行业治理

2021年，交通运输行业坚持全面依法治国，系统推进交通运输法治政府部门建设，全面深化交通运输重点领域改革，加强交通运输综合行政执法改革，持续优化行业营商环境，不断增强交通发展软实力，为加快建设交通强国，加快形成全社会共建共治共享的交通运输治理格局，持续推动交通运输可持续发展提供了坚实保障。

（一）法治部门建设持续推进

2021年，交通运输部继续发挥好立法对交通运输发展的引领和推动作用，持续完善综合交通法规体系，印发《交通运输"十四五"立法规划》，为交通成为中国现代化的开路先锋提供立法支撑和保障。持续推进重要领域立法工作，完成《中华人民共和国海上交通安全法》修订，持续推进收费公路法规修订，《中华人民共和国道路运输条例》报送国务院审议，《中华人民共和国铁路法》《农村公路条例》《中华人民共和国海商法》《中华人民共和国民用航空法》《无人驾驶航空器飞行管理暂行条例》《城市公共交通条例》等法律法规制修定工作取得积极进展，全年共制修订35件规章。清理与行政处罚法不相符规章12件、规范性文件3件，行政法规8部、规章22件，清理涉及长江流域保护、外商投资、计划生育等的法规和文件450余件。清理不合理罚款45个，其中交通运输部按照规章制定权限，已先行通过修订规章完成14个不合理罚款事项取消和调整工作，《国务院关于取消和调整一批罚款事项的决定》取消和调整了交通运输领域罚款事项31个，涉及6部行政法规和13件规章。截至2021年末，共计形成包括8部法律、43部行政法规、286件部门规章的综合交通法规体系，使交通运输各领域、各门类基本做到有法可依，促进不同运输方式法律制度的有效衔接，保障和促进加快交通强国建设。

（二）重点领域改革不断深化

（1）统一开放的交通运输市场加快形成。研究深化交通运输体系改革、形成统一开放的交通运输市场的有关政策，围绕市场主体、要素、规则、监管等方面，突出改革手段，推动交通运输跨区域统筹布局、跨方式一体衔接、跨主体多元竞争、跨领域协同发展。强化公平竞争审查力度,着力完善铁路运输、公路养护、水运建设、航空运输、邮政快递以及交通运输新业态等领域制度规则,破除市场准入和区域壁垒,促进市场公平竞争,激发市场主体活力。

(2)**交通运输综合行政执法改革深入推进**。各地区、各部门高度重视,积极稳步推进交通运输综合行政执法改革工作,全面落实清权、减权、制权、晒权等改革要求,统筹推进机构改革、职能转变和作风建设,基本完成省市县三级综合行政执法改革。截至2021年末,省级层面改革任务已基本完成,部分市县已完成交通运输综合行政执法队伍的挂牌,多地已完成人员划转、制度建设等工作。原承担公路路政、道路运政、水路运政、航道行政、港口行政、地方海事行政等执法机构职能得到有效整合,实现了以一个部门的名义对外执法,执法层级减少,队伍建设得到加强。印发《交通运输综合行政执法队伍素质能力提升三年行动方案(2021—2023年)》,指导推进提升执法人员素质、提高执法能力和水平。

(3)**车购税和成品油消费税转移支付"以奖代补"积极推进**。积极稳妥统筹推进交通运输领域财政事权和支出责任划分改革,支持普通公路(含普通国道、普通省道和农村公路)持续健康发展,交通运输部会同财政部陆续发布《车辆购置税收入补助地方资金管理暂行办法》和《政府还贷二级公路取消收费后补助资金管理暂行办法》,明确提出车购税和成品油消费税转移支付资金支出范围、分配方式、资金审核下达程序和监督要求等内容。2021年累计下达奖补资金1000亿元,其中车购税资金805亿元、成品油消费税资金195亿元。

(4)**收费公路制度改革稳步推进**。以"为人民群众提供优质服务"为目标的服务理念,在科学评估、深入论证、充分倾听人民群众意见的基础上,完善优化收费公路各项制度。为进一步提高高速公路网通行效率和服务水平,促进物流降本增效,交通运输部联合有关部门印发《关于全面推广高速公路差异化收费实施方案的通知》,提出各地在深入总结高速公路差异化收费试点工作经验的基础上,坚持政府引导、合力推动,因地制宜、分类施策,改革创新、完善机制,在不削弱高速公路偿债能力的基础上,探索实施适合本地特点的差异化收费模式和配套政策措施,充分发挥调流、降费、提效的功能,努力实现多方共赢,让人民群众更多分享高速公路改革发展的红利。

(5)**出租汽车行业改革取得新进展**。完善执法制度体系。修订《巡游出租汽车经营服务管理规定》《出租汽车驾驶员从业资格管理规定》等部门规章,优化驾驶员从业资格及巡游出租汽车经营服务相关罚则,突出强化服务、优化管理的现代治理理念。交通运输部等8部门联合印发《关于加强交通运输新业态从业人员权益保障工作的意见》,对平台和从业人员利益分配机制、保障从业人员合理劳动报酬作出明确规定,进一步保障网约车从业者劳动报酬知情权、监督权,全力维护从业人员合法权益。各地持续深化重点环节改革,重庆、杭州、宁波、合肥等城市已退还出租车经营权有偿使用费;积极探索运输价格改革,山西、江苏、安徽、福建等省内多个城市已实施政府指导价。深圳、杭州等地建立了巡游出租车运价动态调整机制,巡游出租车行业运价结构更加优化合理。

（三）
交通运输营商环境不断优化

（1）"放管服"改革进一步深化。持续深化简政放权，2021年共取消"船舶安全检验证书核发"等5项行政许可，自2013年以来累计分14批次取消下放51项部本级行政许可事项、21项中央指定地方实施行政许可事项。严格实施清单管理制度，组织编制《法律、行政法规、国务院决定设定的行政许可事项清单（交通运输部）》，杜绝违法违规实施许可、实施变相许可等问题。持续强化事中事后监管，印发并组织实施《加强和规范交通运输事中事后监管三年行动工作方案（2021—2023年）》，聚焦事中事后监管重点、难点和薄弱环节，明确工作任务、措施和要求。推进"互联网＋监管"和信用监管建设，梳理部监管事项目录清单和监管数据清单，上传数据20余万条；启动中国民航智慧监管服务项目建设，着力打造民航"互联网＋监管"工作门户。持续优化营商环境，落实《国务院关于开展营商环境创新试点工作的意见》，支持北京、上海等试点城市先行先试，协调指导推进"水铁空公多式联运信息共享"等10项创新举措落地见效。推进"从事大陆与台湾间海上运输业务许可"等3项证明试行告知承诺，将上海海事辖区证明事项告知承诺制度推广至长三角海事辖区，切实降低企业办事成本。聚焦货车驾驶员急难愁盼问题，实现道路运输从业资格高频服务事项全程网上通办。2021年1

月1日零时起,全面停止征收港口建设费,有效减轻了企业负担。

（2）信用体系建设加快推进。以信用为基础的新型监管机制逐步完善,行业营商环境更加优化。交通运输部门和社会信用体系建设牵头部门加强协作联动,"信用交通省"建设的品牌效益和影响力不断提升,打造"信用交通省"品牌创建,贵州、湖北、新疆、云南等14个省（区、市）结合交通强国建设试点工作,将信用工作纳入到交通强国建设试点任务,把信用建设落到基层一线。民航信用制度持续完善,修订发布《民航行业信用管理办法》。信用承诺、信用+、信用修复等创新模式在行业得到拓展、推广应用,行业以信用为基础的新型监管机制不断健全。截至2021年末,江苏、浙江、北京、天津、福建等20多个省份已将交通信用监管纳入地方性法规,部省联通的交通运输信用信息共享平台,累计归集全行业信用数据33.7亿余条,与国家信用平台共享21.2亿条,建立805.2万家经营业户、2200万从业人员的"一户式"信用档案。

（四）
高质量发展标准体系加快构建

（1）**交通运输行业标准供给能力稳步提升**。2021年,交通运输行业紧紧围绕国家重大战略实施和交通强国建设要求,在综合交通运输、铁路、公路、水路、民航、邮政和城市公共交通领域,加强基础设施、交通装备、运输服务、智慧交通、安全应急保障和绿色交通等重点标准的制修订,全年交通运输领域共发布国家和行业标准218项,其中国家、行业标准分别为48项和175项。分领域看,铁路国家标准2项、行业标准26项,公路水路国家标准42项、行业标准118项,民航行业标准21项,邮政国家标准4项、行业标准10项。截至2021年末,交通运输现行有效标准共计3910项,其中国家标准888项,行业标准3022项,为更好支撑安全、便捷、高效、绿色、经济的现代化综合交通体系建设提供了重要技术标准保障。

（2）高质量标准体系建设迈出坚实步伐。交通运输部会同国家标准化管理委员会等部门印发了《交通运输标准化"十四五"发展规划》,全面部署"十四五"时期综合交通运输标准化发展目标和工作重点。会同河北省人民政府印发《支撑雄安新区交通运输高质量发展标准体系》,以高标准助力创造"雄安质量"。会同工业和信息化部等印发《国家车联网产业标准体系建设指南（智能交通相关）》,推动自动驾驶等新兴产业推广应用。发布《海运危险货物集装箱装箱安全技术要求》等19项强制性国家标准,组织开展推荐性标准集中复审,涉及国家和行业标准约1200项。

专栏9-1

行业标准助推铁邮合作高效顺畅

行业标准《邮件快件铁路运输交接操作要求》的发布实施为相关的运输组织交接操作提供了技术支持,有助于引导邮政、快递服务组织在利用铁路运输时合规操作,提高运输衔接效率,切实提升利用综合交通运输资源的范围和程度。邮政企业利用高铁确认车、载客列车、预留车厢等运力资源开通高铁邮路百余条,涉及百余条路向,并利用班列和行李车资源开通行李车邮路90余条。中国邮政利用中欧班列运输的"国际邮件"已按照标准要求加强与铁路运输企业在交接操作上的标准化,形成中欧班列常态化运邮,已开通"渝新欧""郑新欧"等多条运输线路。

(3)**综合交通运输标准化工作取得新成效。**着力加强两种及以上对外运输方式协调衔接和共同使用的综合交通运输标准制定工作,截至2021年末,已经发布国家标准和行业标准54项,包括基础通用标准4项、综合交通枢纽标准12项、旅客联程运输标准10项、货物多式联运标准25项、复合通道及交叉标准3项,综合交通运输标准体系初步形成。

> ┤专栏9-2├
>
> ### 综合客运枢纽建设标准化
>
> 交通运输部发布实施《综合客运枢纽通用要求》《综合客运枢纽换乘区域设施设备配置要求》等7项综合客运枢纽系列标准,规范和指导了全国118个综合客运枢纽规划、建设、运营与管理。推动实现不同运输方式客流转换场所集中布设,一体化综合客运枢纽占比不断提高,新建综合客运枢纽换乘距离进一步缩短,80%的枢纽基本实现了200米内便捷换乘。实现枢纽设施设备、运输组织、公共信息等有效衔接。

（4）标准实施监督效能充分彰显。发布《交通运输标准化发展报告（2021年）》，全面宣传党的十八大以来综合交通运输标准化工作进展成效。优化标准化信息服务平台，实现交通运输各领域行业标准文本全面公开，方便群众查询使用。开展《市域（郊）铁路设计规范》《智能信包箱》《公铁联运货运枢纽功能区布设规范》等重要标准宣贯，提升行业标准化意识。依据标准制定发布公路桥梁支座等8类产品抽查实施规范，面向28个省份开展道路运输车辆卫星定位车载终端等重点产品质量监督抽查工作，为提升工程建设和运输服务质量提供产品保证。进一步完善计量服务网络，促进标准与计量、认证认可、检验检测等质量共性基础设施协同发展。

（5）标准国际交流与合作取得新进展。2021年，《铁路基础设施 钢轨焊接 第1部分：钢轨焊接的通用要求和试验方法》等4项铁路标准获得国际标准化组织（ISO）批准发布，《轨道交通 受流系统 受电弓滑板试验方法》铁路标准获得国际电工委员会（IEC）批准发布，《高速铁路实施可行性》获得国际铁路联盟（UIC）标准化杰出奖。持续推动中国技术融入国际标准体系，加快推进疏浚装备、智能运输、集装箱等领域国际标准编制工作，发布了《磁浮铁路技术标准（试行）》《公路路线设计规范》等56项标准外文版。创新标准国际推广模式，与国外机构联合出版发行《公路桥梁伸缩装置通用技术条件》等7本英文版标准，提升了标准的国际化水平。

（五）
行业发展软实力不断提升

（1）**服务大局讲好新时代交通故事。**开展党史学习教育，刊发《党坚持对交通运输事业领导的历史经验与启示》，开展庆祝建党100周年主题宣传，参与筹备"不忘初心 牢记使命"中国共产党历史展览，举办"建党100周年书画摄影展"和"百年风华交通风采"摄影大赛。做好第二届联合国全球可持续交通大会宣传，《人民日报》头版头条报道、《新华社》刊发长篇通讯、央视《新闻联播》8次报道、《焦点访谈》专题报道。精心策划"沿着高速看中国"主题宣传，全网传播量超过70亿次。围绕交通运输中心工作开展宣传，参加国新办专题新闻发布会和国务院联防联控机制发布会。积极做好新媒体宣传，部政务微博@中国交通获评"走好网上群众路线百佳账号"。

（2）**弘扬以开路先锋精神为魂的交通精神。**印发《交通运输行业先进典型培树宣传工作方案》和《交通运输部系列"最美人物"推选工作办法（试行）》，组织开展"感动交通年度人物""最美公路人""最美港航人""最美搜救人""最美出租汽车司机"等群众性推选宣传活动。全面强化先进典型的学习宣传教育，行业媒体开设专栏集中宣传"3个100杰出人物"中交通运输领域先进典型，宣传"时代楷模"连钢创新团队等模范榜样，宣传弘扬"两路"精神、青藏铁路精神、港珠澳大桥建设者奋斗精神、中国民航英雄机组精神、雪线邮路精神、邮政快递"小蜜蜂"精神和"把生的希望送给别人,把死的危险留给自己"救捞精神等交通精神的感人事迹。指导打造川藏公路博物馆"1+6+N"展群,形成交通特色红色教育资源集群,共筑百年梦想的内生精神力量。

（3）**着力凝聚社会共识培育现代交通文明**。连续 10 年在全行业开展"社会主义核心价值观主题实践教育月"活动,发挥"车、船、机、路、港、站"优势,刊播社会主义核心价值观宣传片,展示文明交通绿色出行成果,普及交通运输疫情防控知识。以交通运输部网站与行业新媒体矩阵为载体,组织开展"我的公交我的城",绿色出行宣传月和公交出行宣传周等活动。深化办好"我家门口那条路"主题宣传活动,发动亿万网名推选出"十大最美农村路",有效提升了精神文明建设的传播力引导力影响力公信力。指导各地交通运输主管部门,动员党员志愿者、青年志愿者、巾帼志愿者开展交通志愿服务,让情满旅途、爱满旅途,持续深化文明服务的行业风气和文明出行的社会风尚。

本《报告》注释

1. 香港、澳门特别行政区及台湾地区统计数据未包括在本报告内。

2. 报告中营业性旅客运输量为铁路、公路、水路、民航完成数,不包括城市客运量;营业性货物运输量为铁路、公路、水路、民航完成数,不包括管道完成数。

3. 邮政相关指标中,2021年邮政行业业务总量按2020年不变单价计算,2020年邮政行业业务总量按2010年不变单价计算,同比增减绝对量不可计算,同比增减百分比按照可比口径计算。

4. 报告中未注明出处数据来自交通运输部、国家铁路局、中国民用航空局、国家邮政局。